作者简介

罗元生,长期研究中华传统文化及党史军史,主攻非虚构文学写作。出版专著《华佗:苍生大医的人生传奇》《健康丝绸之路——中国国际卫生合作纪实》《顾诵芬:把理想写在祖国蓝天》《百战将星:王尚荣》等20部,三次荣立个人三等功,作品多次获奖,部分被翻译到国外。系中国作家协会、传记文学学会会员。

黄山,中医针灸学专家、副主任医师。国医大师石学敏教授学术思想传承人,开国少将范明"邈医门"中医学术流派第三代流派传人。现任陕西孙思邈中医药专修学院院长,陕西省针灸学会适宜技术推广专业委员会副主任委员,主编《中医妇科学》《临床经络腧穴学》《临床中医适宜技术》等。

罗元生 著
黄山

大医外思邈

中国出版集团有限公司
华文出版社

图书在版编目（CIP）数据

大医孙思邈 / 罗元生，黄山著. -- 北京：华文出版社，2025. 5. -- ISBN 978-7-5075-6166-1

Ⅰ. K826.2

中国国家版本馆CIP数据核字第2025YF6636号

大医孙思邈

著　　者：罗元生　黄　山
策划编辑：胡慧华
责任编辑：寇　宁
出版发行：华文出版社
地　　址：北京市西城区广外大街305号8区2号楼
邮政编码：100055
网　　址：http://www.hwcbs.cn
电　　话：总编室 010-58336239　　责任编辑 010-58336195
　　　　　发行部 010-58336267
经　　销：新华书店
印　　刷：三河市航远印刷有限公司
开　　本：710mm×1000mm 1/16
印　　张：16
字　　数：160千字
版　　次：2025年5月第1版
印　　次：2025年5月第1次印刷
标准书号：ISBN 978-7-5075-6166-1
定　　价：68.00元

版权所有，侵权必究

自序

走近亦人亦神的药王

在30多年前，我上中学时，历史课本上就有过孙思邈的简单介绍。当时，老师在课堂上对我们说，孙思邈是药王，是我国封建鼎盛时期一位伟大的医学家、养生学家和思想家。他以博大精深的学术思想和医学成就，以其兼容并蓄，融汇百家的宽阔胸襟，为世人树起了一座丰碑。

这是我对孙思邈的第一印象。

大学毕业后，我到解放军总医院工作，在这个过程中逐步对医生这职业，对医患之间的关系，对医学、人生、生命等宏观的问题有了些浅薄的思考。这期间，我猛然发现孙思邈的"人贵千金"和"大医精诚"，对医学界、对医务工作者影响极大，在医院各个大楼的文化墙上，最显著、最重要的位置，总有孙思邈的头像和他的"大医精诚"这四个大字。

医院负责文化宣传的同志告诉我，孙思邈对中华民族的医疗事业影响非常大，在民间的传说也很多。千百年来，人们为孙思邈建造了一座座庙宇殿堂，里面供奉着他的塑像与神位。每座塑像前青烟缭绕，人们虔诚地跪拜默诵。

位于陕西铜川耀州区药王山的"药王殿"，即为其中之一。药王殿规模宏伟，肃穆庄严，内供孙思邈彩色塑像，面慈目善，栩栩如生，一龙一虎，相为拱卫。此殿初建于何年，史书未载。山上另有一立于北宋崇宁三年（1104）的石碑，额题"五台山静应庙记"，载有孙思邈受祀之事。以此推算，孙思邈受百姓祭祀，迄今已近千年。在孙思邈塑像前虔诚烧香磕头者，四时不绝。

每年农历二月二，相传为孙思邈诞辰之日，亦为药王山庙会之时。为纪念药王爷的诞辰，四方百姓蜂拥而来，于殿前焚香跪拜，愿药王菩萨显灵，保家人岁岁平安。知名剧作家田汉有诗云："千金方使万人活，箫鼓年年拜药王。"孙思邈就这样由人而神。

2023年5月26日，我到铜川参加"2023中国孙思邈中医药文化节"，在这个文化盛会中，我参观了孙思邈纪念馆，冒雨攀登了药王山，聆听了诸位专家的论坛报告，也较直观全面地了解了孙思邈文化思想体系的精神内涵及陕西中医药的发展状况。当时，我就想要尽快搜集资料，研究一下神奇的"药王"孙思邈。

2024年3月24日至28日，我在中医专家顾睿的陪同下，到西安、咸阳、韩城等地对陕西民间中医及中医药发展状况进行田间调查，结识了不少当地的名医。出乎意料的是，这些民间中医几乎是异口同声地讲道，他们的医术和医德，不同程度地受药王孙思邈的影响。

自 序

2024年6月27日至7月1日,我们再次到铜川、汉中调研考察,在此过程中,我还听到民间中医讲这样一句话,"我觉得人还是要经常到山里转一转,因为人与山在一块儿会组成一个字,叫'仙'"。我听后顿生感悟:这个"仙"是不是孙思邈?这个山是不是药王山?

从陕西返回北京后,我想到了这样一个问题。1000多年前孙思邈在历史上是人,专家学者头脑里的孙思邈也是人,可在许多普通老百姓的心目中,孙思邈是药王,是"神",甚至可以坐虎诊龙。这就引发了一个问题:我们这样的非虚构文学该如何去表达和书写药王?如果我们书写的药王是一个十分具体、有血有肉的人,就像生活中非常熟悉的老人一样,老百姓怎么能把心目中百灵百验的药王爷与此联系?他们会认为这就像在任何一张纸上、一座庙堂里或墙壁上随心所欲地乱画药王一样。

如何解决这个问题?这就要求我们从历史和哲学的层面来看待"神"。

东西方对待人与神的关系方面是有较大差别的。东方人心中的神,往往是把人提高到天上。三只眼的杨戬、蹬风火轮的哪吒等,在传说中原本都是人,孙思邈也是被百姓抬上了天的。而西方远在古希腊时,就有神人同形同性说,其理念是把神从天上拉回到人间。

我的意思并不是说为了赢得老百姓对孙思邈的认可,应当在创作过程中给孙思邈头上或身上添加些什么,但孙思邈的精神风貌,需要我们从现实中超脱出来,加以提炼和升华。不管怎样,药王孙思邈起码有这样几个典型特质:他是伟大的思想家,思想中包容着丰富复杂的佛学和道家观念,有超脱的一面;他在功名利禄方面是出世的，是高于人间的，在救死扶伤方面是接近人间的。这些特征都暗合了神与人的关系。

从艺术的角度展现一代药王的传奇人生，一直是诸多艺术家的不懈追求。近期，电影《大医孙思邈》拍摄工作正式启动。2024年的初秋，我与黄山受邀参加了在西安召开的《大医孙思邈》拍摄启动仪式大会，进一步加深了对药王、对大医的理解。

参加这个电影启动仪式时，诸多领导及专家学者的演讲汇报，让我学习了许多新的东西，比如对孙思邈医学人生的正确定位、对其艺术形象和时代精神的准确把握等。

对如何研究、把握中医史上的重大问题，我国著名的医史文献研究专家李经纬教授强调："对于古代医学人物、事件、制度等等，都要作历史的、唯物的分析研究，使自己的认识和研究结论，尽可能符合或接近历史的本来面目。对待中医史，要学会历史地看问题，将人物、事件、制度等，置于其存在和产生的历史时代，进行分析，加以研究，一分为二地评价，恰当地扬弃和继承，既不苛求古人，也不能将其现代化。"[1]

从这个意义出发，我们书写药王、纪念药王、学习药王，实质上就是学其精神、学其风骨、学其思想。走近亦人亦神的药王，会让我们更加有大爱之仁心、更加有求索之动力，会让我们的生活充满阳光与吉祥，更加幸福安康。

罗元生
二〇二四年秋于北京

---

[1] 李经纬：《中医史》，海南出版社，2015，第17页。

序章　感悟药王山

芳草茸茸去路遥，八百里地秦川春色早，花木秀芳郊。

——金朝董解元《西厢记诸宫调》

1. "秦地无闲草"

大学毕业前夕，从西北部队过来的战友对我说："毕业后不管分配到哪个单位，像你这么喜欢历史和文学的人，一定要去趟陕西，那里可谓是中国历史和文学的源头和渊薮。你应该知道史学家司马迁、医学家孙思邈吧。他俩都是陕西人，而且这个孙思邈，人称孙真人，活到一百多岁。"

我当时并未完全听懂他这话的意思，只觉得是好朋友的一种盛情或建议而已。

后来，由于在解放军总医院工作等关系，加之原第四军医大学（现为空军军医大学）及3个附属医院均在西安，我到西安的机会多一些，对陕西的人文历史也就稍多了一点了解。比如，陕西上古时为雍州、梁州所在，是炎帝故里及黄帝的葬地。西周初年，周成王以陕原为界，划定原西由召公管辖，后人遂称陕原以西为"陕西"。陕西自古是帝王建都之地，9个大一统王朝，有5个建都西安（咸阳），留下的帝王陵墓约有79座。陕西有9处世界遗产，分别是长城、秦始皇兵马俑、大雁塔、小雁塔、兴教寺塔、汉长安城未央宫遗址、唐长安城大明宫遗址、彬州大佛寺石窟、张骞墓，是中华文明的重要发祥地之一。南朝陈诗人徐陵《关山月》诗之一说："关山三五月，客子忆秦川。"金朝董解元《西厢记诸宫调》卷一说："芳草茸茸去路遥，八百里地秦川春色早，花木秀芳郊。"

"秦地无闲草，自古多名医。"我在医院工作期间，曾无意间找到一本泛黄的《陕西中草药》。这本书是1971年出版的一部本草类中医著作，分《中草药》《方剂选》及《附录》3部分。《中草药》共收药576种，按解表、消导等功效分为17章，每药介绍其别名、植物形态、生境产地、采收加工、性味功能、主治、用法、附方等，并配单色图520幅；《方剂选》收方705个，按内科、外科等常见病排列，共7章；《附录》有植物形态简释等4篇。这本书对了解陕西的中草药情况，很有价值。

古都西安，既是中华文明和中华民族的重要发祥地，也是我国传统医学的重要发祥地，从神农尝百草的传说，到享有"药王"美誉的唐朝医学家孙思邈，这里历代名医辈出，有着深厚的文化底蕴和历史传承。古往今来，古城内外涌现出无数术精德高的中医名家，他们用精湛的医术、确凿的实证、温厚的善举，让世人见证了中华传统医学的伟大与不朽，赢得了百姓的尊重与爱戴。

2022年冬天，由陕西省中医药管理局出品、全方位展现陕西中医药资源优势的系列公益专题片《秦药》《长安医学》，在陕西卫视及陕西卫视官方新媒体矩阵播出。专题片中讲道，生长在山川草甸的天然本草，经过"大医先贤"的妙手，成为诊病疗疾的良药；凝练着东方智慧结晶的经典名方，又在科技发达的今天焕发出全新活力，结出传承、创新、发展的丰硕成果。这里的"大医先贤"就是指孙思邈。从植物学上来讲，他是药物学家，被称为"药王"；从医疗学上来讲，他是大医、是神医，救人无数，是秦川大地最有代表性的人物。

秦岭是我国南北分界的天然屏障，独特的地理位置和巨大的高山落差使之形成了丰富的植物生态。尤其是太白山，整个山脉各处气候迥然不同，随着海拔高度递增，气候类型按一定规律连续分布。气候的立体差异，使植物、动物分布也形成相应的垂直带谱。

太白山林木茂盛，中草药遍地皆是。丰富的植物资源为野生动物提供了充足食物，雉类之血雉、红腹角雉及兽类之大熊猫、金丝猴、羚牛等珍禽异兽于太白山繁衍生息。太白山的中药学历史悠久，传承范围甚广。长期以来，秦岭一带民间草医们用中药防病治病，在民间享有很高的信誉。

陕西中药材数量众多，陕西省卫生健康委员会、陕西省中医药管理局、陕西中医药大学曾联合公布了25种药材，可以作为秦药使用，其中野生葛根用量巨大，在多个处方中均有使用，是秦岭南坡的主产药材，生态价值和药用价值都极高。天麻这种药材早年间险些灭绝,后来中国医学科学院在陕西进行科研攻关,解决了天麻的人工栽培问题,天麻这一药材才被广泛用于神经治疗当中。

秦药在中医学界有着举足轻重的地位,陕西的中药材广泛服务于全国人民。据说,百分之六十左右的中药处方成方要依靠秦药,缺少秦药,它们将无法成方。

大自然对秦川大地真是偏爱有加,连草也不是"闲"的。陕西就是这么神奇,但最神奇的莫过于有药王孙思邈这个旷世神医。

2.药王与药王山

人与山的关系,其实是个老命题。人与自然和谐相处,也就是中医说的天人合一,这是规律,也是常态。药王与药王山,应该是双向奔赴的,二者互依互靠、同生同长。或许有人会问:到底是先有药王,还是先有药王山?是山因人出名,还是人因山而有名?

2023年5月26日,铜川药王山

其实,这个问题无须问,也不必有个答案。一座山以"药王"命名,足见"药王"本人的不同一般。

序 章

中国是个山地大国，包括高原和丘陵地区在内，山地面积约666万平方公里，占国土总面积的69.4%。从南到北，从西到东，名山大川不计其数。比如，黄山位于安徽省南部，传说是中华祖先轩辕黄帝修身炼丹、飘然成仙的地方。又如，西岳华山位于陕西西安以东120公里的华阴市境内，北临坦荡的渭河平原和咆哮的黄河，南依秦岭，是秦岭支脉分水脊北侧的一座花岗岩山，数千年来，游人不绝，盛名不衰。

2024年6月28日参观药王山，左一为铜川孙思邈研究学者李宏禄，左三为作者罗元生。左二、左四、左五分别为车淑芳、黄勇、吴凡。白小艳摄

然而，无论是黄山还是华山，在中医文化史上的价值，都无法与药王山相提并论。正如唐代诗人刘禹锡在《陋室铭》里写的那样："山不在高，有仙则名；水不在深，有龙则灵。"山不在于高，有了神仙才有名气；水也不在于深，有了龙才有灵气。

药王山，正是因为有药王才闻名天下。

我国民间对药王的信仰甚为普遍。药王被道教奉为主要神明，民间传说中的药王有多位，其中最著名的就是孙思邈。

一生勤于著书立说的孙思邈，晚年隐居于故里京兆华原（今陕西省铜川市耀州区）药王山。之所以选择在这里隐居，与药王山的地理位置和自然环境是分不开的。

药王山，位于陕西省铜川市耀州区城东1.5公里处。这里距离西安不到400公里，距古华原县城仅6公里，相距孙思邈的故乡孙家原只有20公里。

药王山古称磬玉山、北五台山，以盛产音质清扬的华原磬石而得名。孙思邈长期隐居在此，因为他医术精湛、医德高尚、恩泽百姓，被尊为药王，他辞世后，此山也更名为药王山。

轻击古磬听清音，天地人神共舞之。药王山五峰环拱、古柏苍翠、殿宇轩昂、碑石林立、风景优美。

药王山拥有规模仅次于黄陵桥山的古柏林2000余亩、7万多株。山中野生中药材有104科，共229种。① 山上古柏苍翠、野花遍地、药香四溢；山下药王沟流水潺潺、题刻众多、幽深神秘。药王山风景独特；阳春，山花烂漫，争奇斗妍；盛夏，山峦叠翠，清风习习；金秋，层林尽染，野果飘香；严冬，银装素裹，一派北国风光，是适合孙思邈隐居著书的绝佳之地。

年过百岁的孙思邈在这里隐居10年，不是为了颐养天年，而是为更好地发挥余热，把他的智慧和才能全部奉献给人类。一方面，孙思邈在这里专心著立，完成《千金翼方》，作为其早年

---

① 常志诚：《药王山与孙思邈》，《孙思邈研究》1990年3月创刊号。

所著《千金要方》的修改补充；另一方面，他不辞辛苦地继续他毕生重视的采药治病生涯，药王山留存下来的遗址，如他的手植柏、晒药场、洗药池、石大医等，可以佐证他普救苍生的高风亮节和高尚医德。龙穿洞、聚虎坪、拜真台、遇仙桥等，亦是他晚年在药王山从事医疗活动的佐证。

药王山因孙思邈的名声而蜚声中外。

药王山有关孙思邈的遗址遗迹有太玄古洞、法水神井、虎守杏林、唐太宗登山御道、龙王献方等十多处。山上的药王庙古朴典雅、雕梁画栋。

山上医方碑亭内最早的医方石刻是《千金宝要》《海上方》《历代名医神碑》《灵佑记》等6通碑石，刻录医论、单方、验方1027个。碑石刊刻400多年来，人民群众在朝拜、求医和浏览中将碑刻药方广为传抄、拓印，对发展我国中医药传统文化起到了重要的作用，也使药王山成为一座宏大的医药文化宝库。

1961年，药王山被国务院列为全国第一批重点文物保护单位，1990年被陕西省政府列为省级风景名胜区。

药王孙思邈有名言曰"人命至重，有贵千金"。随着社会发展，人民生活水平提高，人们越来越注重自身的精神追求和养生保健。药王山已成为人们求医、祈福、健身、旅游的理想之地，被誉为"中国保健第一山"。

药王山上的碑亭内，人们争先恐后地观瞻和传抄《千金宝要》《海上方》；药王山下的聚虎坪上，大家聚精会神地观看着业余艺人表演的"药王卷"等地方戏剧，重温或领略药王的非凡业绩。

3.雨中药王山

2023中国孙思邈中医药文化节于5月26日在铜川举行。那天开幕式结束之后，突然下起了雨。第二天，雨下得更大了，我们参观了位于药王山脚下的孙思邈纪念馆。

在讲解员的讲解下，我再一次全面了解了药王孙思邈的求索之路和不朽伟绩。

孙思邈纪念馆位于药王山核心景区西300米处，为新建历史类博物馆，馆舍依山就势，充分利用地形，建成地上两层、地下一层的台地式建筑，总建筑面积达14865平方米。

纪念馆对地域文化有着最大限度的尊重与呈现。宏大的建筑群呈"品"字形布局，背靠药王山，面朝沮漆两河，自东向西铺陈，与渭北黄土台塬地理风貌高度融合在一起。在拾级而上的过程中，我的情绪被渐次映现的孙思邈造像和宽达135米的歇山庑殿式屋顶，一下子拉回到1000多年前那个大唐盛世，敬仰之情油然而生。

在建筑营造上，为了更好地突出主题与地域特征，纪念馆采集药王故里黄土，用高科技黄土改性工艺夯实为砖，构筑成建筑外墙，不啻古老黄土与现代科技结合的一大创举。馆中孙思邈雕塑高9.6米，为铜铸，可历数百年而不朽，以大医精诚之思想为其魂，以为民之疾苦而奔走为其形，以至圣药王之精髓为其神，塑造了一个权威的、可供全国乃至全球人民敬仰膜拜的药王形象。

孙思邈是中国医药文化的集大成者。中国文化最推崇自然，所谓"天人合一，道法自然"，中医中药正是中国人在自然中为自己寻到的一种"道"。中医中药与山水自然有天然的密切关联。孙思邈纪念馆的装饰风格，紧扣中国传统自然美学，通过对竹、木、石、砂、麻及布幔这些材质的大胆运用，营造出中国人最容易读懂的美学氛围。

孙思邈纪念馆对药王行医、理药、养生、修德等各个方面的成就都有详尽具体的展示，使人在观摩、感悟和膜拜中，领略孙思邈"从医到神，从神到人"的伟业与精神。

参观期间，讲解员给我们讲了一个故事：

2015年10月4日，来自英国的费尔先生一家特意来到药王山。在石碑前，他的夫人对着药方不停地拍照，并说："我的同学曾用上面的方子治好了我的病。"在药王大殿，费尔一家人向药王鞠躬，并告诉周围的人："我向药王行礼，一是向药王致敬，药王值得全世界人民尊敬。他在1000多年以前，就研究出预防疾病的方法，为了让无钱医病的人能看得起病，他又让人把药方刻在石头上，既方便了患者，又照顾了病人的自尊心。二是出于对药王的感激，药王留下来的小药方治好了我太太的病。我们全家这次来铜川，主要是向药王表达内心的感谢。"

关于这个故事的真实性，后来我在时任铜川市委书记郭大为同志在第三届中国孙思邈中医文化节开幕式上的讲话中找到了证据。

这令我想起了2015年屠呦呦获得诺贝尔生理学或医学奖的例子。药王是中国的，也是世界的。传统中医药是老祖宗传承下来的宝物，我们应当有让中医药走向世界、造福全人类的信心，中医药让世界更健康。

参观药王山

听了这个故事，我上山的动力更足了，带着雨伞，品味雨中药王山的另一种魅力……

雨中的药王山，松柏苍翠，群山叠嶂，远望一片锦绣，近看险峻挺拔，云在空中盘绕，鸟在林间嬉戏。松涛阵阵，仿佛在诉说着古往今来的沧桑沉浮；溪流潺潺，似乎在演绎着历史的曲折蜿蜒；虬枝张扬，仿佛一条条巨龙欲飞；奇花芬芳，恰如人间少见的仙女。

经过约半小时的车程，我们来到了药王山的山门前。

孙思邈塑像后边即是大门，门头上有"药王山"的牌匾。进入大门后，"大医精诚"四个石刻大字引人瞩目。石刻前有一个象征悬壶济世的黄色宝葫芦灯笼，在众多大红灯笼的簇拥下，格外引人注目。从大医精诚广场迈入进山通道，各种花色不同、色彩鲜艳的纸伞悬于空中，路边以"药王"为主题的浮雕壁画绵延不断，很有视觉冲击力。

药王山脚下有一条宽敞平整的慢坡路，通往庙前区，登上石磴便可到达药王庙大殿。石磴两边有石栏、石柱护持。拾级而上，渐见陡峭，仰望山顶庙宇，仿佛在一步步接近天阙。这一步一坎，与其说是药王的升仙显化之路，不如说是他的曲折跋涉之阶。

　　据介绍，1984年8月开始整修之前，石磴恰是141级，符合传说中孙思邈在世的年龄。这不知是巧合，还是有意安排，目前已无从考证了。

　　药王庙大殿依崖而建，根基是用长方形巨石砌成的平台。殿连基通高23米，布局严谨大方，宏丽壮观。进入大殿，步入凌虚阁，开南门，凭栏远眺，莽莽苍苍，远山近景，尽收眼底，不禁令人心旷神怡、浮想联翩。孙思邈不慕高官厚禄、一心救死扶伤的高尚精神，正是千百年来中华民族的传统美德！

　　大殿正中央是明嘉靖年间塑的孙思邈彩色坐像，发须乌黑、温厚端庄，仿佛随时准备着为四海来客把脉开方、消灾除病。两侧站像，左为尉迟敬德，右为龙君。像后，太玄古洞洞口有一姿态凶猛的蹲虎。这些人和物，各有一段与药王相关的生动有趣的传奇故事。

　　大殿西玄门外，下有一依崖巨石，其斜面上凿有圆形和半圆形蓄水池各一，直径为1.5米，相传是药王的洗药池，又称洗药盆。峭壁上苍劲有力地刻着几个大字："天下第一药池。"柏枝柏叶长年浸在池水中，绿水甘洌，夏不秽，冬不涸。下有明人题的"石盆仙迹"四个大字，还有明代李海诗一首："洗药盆犹在，先生已入空；世间痊疴者，应念配方功。"

洗药池

传说有病的人只要用这里的水一洗，病痛就会消失；没有病的人只要在这里用水一洗，就会身体健康、延年益寿。历朝历代，许多游人会在洗药池里洗洗脸、洗洗手、洗洗胳膊、洗洗脚，以求吉利。

众多有价值的医方碑和医德碑立于庙中，形成药王庙的一大特色。

庙内的医方碑亭，护罩着400多年前留下来的6通药王碑，"字石如径，端秀可观"。明穆宗隆庆六年（1572），秦王朱守中深感一些药方简易、疗效好、很实用，又鉴于药方出自药王，而"天下游耀州真人洞者，岁无虚日，日无虚时"，主持刻下一些石碑，竖立于此，使这些医方得以广为传播、造福四方。

这时雨越下越大，崎岖不平的道路无法前行，我们只好原路返回，打道回府……

药王山下、漆水河畔，我们探寻着药王文化的根脉。瞻仰药王塑像，欣赏山下奇观，顿感杂念尽消、心旷神怡，在清凉的山雨里似乎心如止水，感到静谧、温馨、脱尘忘俗。

目 录

第一章　探究"孙真人"

1. 身世之谜 …………………………………… 3
2. 年龄之谜 …………………………………… 7
3. 从政之谜 …………………………………… 10
4. 后裔之谜 …………………………………… 14
5. 踪迹之谜 …………………………………… 19
6. 身份之谜 …………………………………… 24
7. 隐居之谜 …………………………………… 26
8. 赏识之谜 …………………………………… 35
9. 著述之谜 …………………………………… 37
10. 成功之谜 ………………………………… 40

第二章　走上从医路

1. "圣童"的美誉 …………………………… 45
2. 立志要学医 ………………………………… 48

3. 初拜同南山 …… 52
4. 再学玉泉寺 …… 53
5. 历险为求师 …… 58
6. 母亲的鼓励 …… 63
7. 良友的切磋 …… 66
8. 化装香山庙 …… 70
9. "怪病"也能治 …… 73
10. 改名当学徒 …… 77
11. "奇方"泯恩仇 …… 81

第三章 擦亮"药王"名

1. 受封"药王" …… 87
2. 中草药为何能医病 …… 90
3. 采药"老虎坪" …… 92
4. 仙草治瘟疫 …… 96
5. "鹿衔草"与"鹿蹄草" …… 99
6. 青城山识得灵丹妙药 …… 104
7. 峨眉山的新发现 …… 108
8. 衡山采松脂 …… 112
9. 药王山种药、制药 …… 114
10. 药王的"吐故纳新" …… 116

目 录

第四章 炼就"神医"术

1. "名医为什么能治愈疑难的疾病" …… 121
2. "诚一代之良医也" …… 124
3. "能把死人救活" …… 128
4. "为啥要用葱白打娃儿" …… 131
5. "故曰'阿是穴'也" …… 133
6. "我闯进麻风村了" …… 137
7. "仙丹竟有这等功效" …… 142
8. "脚气病是一种'风毒'" …… 144
9. "巫神怎么会真的能治病呢" …… 147
10. "以毒攻毒" …… 150
11. "巧取箭头"与"葱叶导尿" …… 153

第五章 问鼎《千金方》

1. 《千金方》 …… 159
2. 《千金方》与《伤寒杂病论》 …… 162
3. 《千金方》与《周易》 …… 164
4. 《千金方》与佛教 …… 166
5. 《千金方》与印度医药学 …… 168
6. 《千金方》与道教 …… 170
7. 《千金方》的影响力 …… 172
8. 《千金方》的失与存 …… 176

第六章　修成百岁身

1. 健康与长寿 …………………………… 183
2. "真人"治未病 ………………………… 186
3. 养生先养心 …………………………… 189
4. 养生十三法 …………………………… 191
5. "形体有天地有" ……………………… 194
6. 《摄养论》 …………………………… 195
7. 药食可同源 …………………………… 198
8. 王秀云入宫传授长寿秘诀 …………… 201
9. "问寿孙思邈" ………………………… 206

第七章　传承大医魂

1. 医德之光 ……………………………… 213
2. 思想之光 ……………………………… 215
3. 创新之光 ……………………………… 217
4. 传承之光 ……………………………… 219
5. 文化之光 ……………………………… 221

后记 …………………………………… 225

主要参考书目 ………………………… 229

第一章 探究『孙真人』

"思邈究生于何时？卢照邻且不敢质言之，后人亦惟付之存疑，无庸考辨矣。"

——余嘉锡《四库提要辨证》

1. 身世之谜

唐代诗人贾岛在《寻隐者不遇》中这样写道:"松下问童子,言师采药去。只在此山中,云深不知处。"诗里描述了诗人去寻找隐居在山里的友人而没有见到的情景。这首五言绝句,通俗自然、清淡朴素、禅意悠远。

这首诗用在药王孙思邈身上,是非常贴切的。当然,贾岛写的"隐者"不一定是指药王,"此山"也不一定是药王山。

此诗中,诗人在松树下向隐者的徒弟打听隐者,徒弟回答说师父采药去了,就在这山中,但云雾浓密,来无影去无踪,真是不知道他在山中的什么地方。

药王山文化长廊资料图

孙思邈的一生也是这样。他的人生是漫长、曲折、复杂的，加之后世的许多演绎，使这位先贤身上散发出五彩的光环。今天许多人已很难分辨出哪些是史实，哪些是传说，心中只有一个笼统的概念——药王是神奇的。

其实，对孙思邈身世的探讨，意义十分重大。从一定意义上来讲，有什么样的家庭背景，就会培养出什么样的孩子，父母是孩子最初的老师和榜样。

史料记载，孙思邈之父名为孙孝冰。现存孙思邈有关史料中，无其父亲或祖上有从医经历的记载，相关民间口头传说，皆无史实依据。其母亲的姓氏，亦无确切史料记载，后人所立铜川市孙原镇孙原村中孙思邈父母合葬墓碑上，谓其母为"雷孺人"。距孙原村数十里处，确有雷姓一族，其族人亦称系孙思邈舅家。据闻，以前每到清明，还有雷姓后人来孙原村祭祖，缅怀孕育了千古大医的伟大母亲雷氏。

孙思邈的家庭背景在传统史书中无载。之前，一些当代研究者认为孙思邈出身于"一普通农家"，也有学者认为他出身于"耕读之家"。这种说法并不准确。虽然孙思邈的著作对自己的家世、亲人几乎一无涉及，但他在《备急千金要方·自序》中说过，自己"幼遭风冷，屡造医门，汤药之资，罄尽家产"。如果孙思邈是出身于贫穷农家，那么这里的"屡造医门""罄尽家产"就不好理解了。最早记载孙思邈事迹的《大唐新语》和"两唐书"皆记载孙思邈"七岁就学，日诵余千言，弱冠，善谈庄、老百家之说"。如果是普通的农家子弟，"七岁就学"更是不太可能。何况，当时普通家庭的孩子就学是为了取得功名，孙思邈却重视出世的老庄百家之说。普通农家子弟，怎会有渠道接触这么多有关老庄和百家的书籍？

随着现代考古的发展，孙思邈之子孙行的墓志出土。这份新的史料，终于为后人揭开了孙思邈家世的谜团。

孙行的墓志中说："公讳行，字元一，太原中都人也。曾祖融，瑚琏之器，降洗马之荣；祖孝冰，寥廓其心，纡割鸡之政；父思邈，橐在唐运，肃簪梁苑，身居魏阙之下，志逸沧海之隅。"从这段话看，孙思邈的祖籍是山西太原中都（中都县在隋开皇十年，即590年，易名榆次）。孙行的曾祖父，即孙思邈的祖父名叫孙融，在朝廷做官，官职为洗马。从孙思邈的年龄推算，孙融应为北周的洗马，北周都城在长安，因而孙融在朝廷为官后迁居陕西。

洗马为东宫官职，负责管理东宫太子的事务。孙融为北周哪位太子的洗马，史料上无记载，北周最后两个皇帝在位时间皆短，想必孙融辅佐的是其中之一。之后，隋文帝废周静帝，篡夺帝位，改国号为隋。身为北周的大臣，孙融本来是辅佐太子（即新皇帝）的"瑚琏之器"，很可能是因为政治原因，从此隐退。孙思邈的父亲孙孝冰也因此"寥廓其心"，一心避世，不再汲汲于仕途。

孙行的墓志说孙思邈之父孙孝冰"纡割鸡之政"，颇为难解。"纡"有屈抑之意，指"纡尊降贵"，"割鸡"在古代常指办小事或当小官，因此"纡割鸡之政"或谓孙孝冰当过县令，乃至乡官、里正一类小官。孙思邈能"七岁求学，日诵千余言"，与家庭环境是有关系的。孙思邈的祖父既然曾在朝中为官，其家境应当不差,藏书亦当较丰富。因此,幼年的孙思邈读书很多,尽管多病,但有钱诊视治疗,只是病得多了,"汤药之资,罄尽家产",可见家境也并非极其殷实。

一些学者考证,孙母雷氏或为望族出身。在药王山上,有三方碑刻提及当地雷氏家族的人。一是"夫蒙文庆造像碑"。此碑于北魏神龟二年(519)刻石,1934年于耀州出土。该碑为首的供养人落款是"夫蒙文庆,母雷□□",其他供养人还有"清信士雷丰"等。二是"雷明香造像碑"。此碑于北周天和六年(571)刻石,系命妇雷明香为亡夫所造。碑文显示,雷明香的亡夫系正一品高官,其兄雷□标为正二品,从弟雷显庆为正四品,从中可见雷氏家族之兴隆。三是"雷香妙造碑"。此碑于隋开皇六年(586)刻石,建造者雷香妙亦是命妇,亡夫是柱国参军。碑上还有雷香妙本人乘车出行的图画,从中可窥知雷氏家族之显赫。

即便不能完全肯定上述雷姓豪族就是孙思邈舅家,但若孙思邈之母确为民间口口相传的"雷孺人",那么孙思邈舅家与上述大户大概率是有某种联系的。由此可推想,孙思邈舅家大概率为知书达礼之家,母亲雷氏应当受过一定文化熏陶。

总体来看,孙思邈虽然祖籍在太原中都(今山西榆次),但基本上算是陕西华原人。他本人出生于华原,据宋《长安志》载,孙思邈旧宅在华原县东五里流惠乡惠政坊,即今铜川市耀州区孙原村。

2.年龄之谜

关于孙思邈的生卒时间和年岁，史料所载，说法不一，年龄有141岁、101岁等多种不同观点，时间先后差距竟达百年，至今还在研讨争议，无真正的定论。

这也难怪，孙思邈本人历经西魏、北周、隋、唐四个朝代，而当时史家的焦点是皇室贵族，不会在意一个民间郎中。到唐朝第二代、第三代皇帝的时候，孙思邈声名鹊起、圣眷日隆，著述也得以流传。后世编新旧唐书时，专辟了孙思邈的列传，然而正史记载均惜墨如金，留有很多谜团。加之孙思邈活的时间太长，以至于连其生年都无法详考。宋代以后，在宗教界和文人士大夫中，常有记叙孙思邈事迹者，相关故事散见于道藏、仙传等书籍，但这些撰写者大多根据个人好恶演绎是非，时常张冠李戴，为我所用，有些人不惜扭曲、编造事实，也要奉孙思邈做自己的先人，还制造出一些不明真假的遗迹，使孙思邈的生平变得雾里看花、扑朔迷离。

为考证孙思邈出生之年，著名中医史研究学者干祖望在《孙思邈评传》中专门用一章的篇幅，综合诸家之说，进行了细致的考辨。干祖望认为，孙思邈的"诞生日期，聚讼纷纭，尽管现在似乎以隋开皇元年（581）诞生，享年101岁作为'定论'，但内中破绽，还是俯拾即是"①。干祖望的结论是："孙氏诞生，以梁大同七年，即西魏大统七年（541）最为合情入理，所以享年为141岁（虚龄142岁）。"②

作家罗先明在《大医精诚——孙思邈传》中，从多个维度阐述了他支持干祖望观点的理由。罗先明讲到的依据之一是，孙思邈在《千金翼方·针灸上·取孔穴法第一》中自云："吾十有八而志学于医，今年过百岁，研综经方，推究孔穴。"据考证，孙思邈于唐永徽三年（652）完成《千金要方》，其后又用了近30年时间，完成了《千金翼方》。他若生于开皇元年（581），到永徽三年（652）才71周岁，自称"今年过百岁"还得再等30年。而30年后是永淳元年（682），孙思邈于该年仙逝，哪还有时间写作《千金翼方》呢？唯其生于梁大同七年（541），完成《千金要方》时已满101岁，才有资格自称"今年过百岁"，也才有时间开始第二部著作的构思和写作，并一边写作一边继续"研综经方，推究孔穴"。③

持隋开皇元年（581）之说的学者中，李经纬最具代表性。他和孙思邈是同乡，就职于中国中医科学院。20世纪50年代末60年代初，中华医学会转给他陕西耀县（今陕西耀州）文教卫生局的一封信，为建孙思邈纪念馆，希望他就孙思邈生卒年代问题提供意见。按此要求，李经纬做了一些考证，他的观点是孙思邈生于开皇元年（581）最为可靠，并撰文寄耀县以供参考，后

---

① 干祖望：《孙思邈评传》，南京大学出版社，1995，第1页。
② 干祖望：《孙思邈评传》，南京大学出版社，1995，第23—24页。
③ 罗先明：《大医精诚——孙思邈传》，作家出版社，1995，第8—9页。

又将之整理发表于《中医杂志》。

李经纬是当代考据孙思邈生年比较早、比较全面的专家和学者之一,其影响之大,正如他文章所言:"1961年中华医学会北京分会医史学会根据孙思邈生于公元581年的意见,举办孙思邈诞辰1380周年纪念。由我作了题为《孙思邈在医学发展上的伟大贡献》专题报告,并有部分有关文物展示。同年12月邮电部为纪念孙思邈1380周年诞辰,发行孙思邈像与医药邮票各一枚。"①

孙思邈纪念馆资料图

除了梁大同七年(541)和开皇元年(581)这两个说法,从记载、碑铭中推算、考证出来的孙思邈生年还有梁天监十年(511)左右、梁天监十七年(518)、梁大同三年(537)、周宣帝时(578—579)、隋仁寿元年(601)与隋皇泰元年(618)等。

---

① 钱超尘、温长路主编:《孙思邈研究集成》,中医古籍出版社,2006,第9页。

相应地，他的享年除141岁、101岁之外，还有171岁左右、164岁、145岁、104岁、105岁、80岁及64岁等说法。①

千年来，孙思邈生于何年史载纷纭，后辈学人莫衷一是，这或许将是个千古之谜。

孙思邈死因不详，也是历史上的一大憾事。孙思邈到底是如何去世的呢？史书上只给了四个字——无疾而终，野史上则说孙思邈最后得道升仙、长生不老。

3. 从政之谜

孙思邈是否入过仕？是否从过政？学术界有不同的观点，一直争论不休。一种观点认为孙思邈终生不仕，是个布衣药王；另一种观点则认为孙思邈从过政、当过官，只是后来因热衷于治病救人，选择了弃官从医。

要解开孙思邈"从政之谜"，需正确认识和把握两个关系，即学习与入仕的关系，以及良官与良医的关系。只有把握了这两对关系，结合孙思邈的特定时代背景和环境，才可以探究其政治心态。

在古代，"仕而优则学，学而优则仕"是广为流传的一句名言。这句话源于《论语》，虽出自子夏之口，却是他对孔子思想的转述。孔子本人也曾针对"子路使子羔为费宰"一事，对学与

---

① 干祖望：《孙思邈评传》，南京大学出版社，1995，第2—3页。

仕的关系做过论述，指出学习与做官互为前提和目的，由学入仕和由仕入学是一脉相承的，不应将二者之间的关系割裂开来。

史载，孙思邈7岁入学，勤奋好学、聪明过人。据《旧唐书》载，西魏大臣独孤信对孙思邈十分器重，称其为"圣童"。孙思邈18岁时立志学医，20岁时已熟读儒、道、佛各种经典，隋文帝召他做国子监博士，孙思邈辞谢了。唐初，魏徵奉修南北朝史和隋史，曾多次找孙思邈核对史实，可见孙思邈以博学多识闻名于世。唐太宗求贤若渴，曾召孙思邈入京，当时孙思邈已过中年，但面容、气色、形态仿佛少年人，唐太宗见之大喜，深为感叹，赐其官职，孙思邈谢绝了。唐高宗即位，闻其名，赐其为谏议大夫，孙思邈仍未允。

孙思邈当时隐居在太白山、终南山一带，在湖光山色中遍阅历代名医扁鹊、张仲景、华佗、皇甫谧、葛洪的医学典籍，并两次入川采集药草，专治疑难杂症，许多病危患者经他妙手调理，居然化险为夷。孙思邈交友广泛，诗人卢照邻、文学家兼医学家孟诜、书法家宋令文、大臣谢季卿，以及医林二兄弟甄权、甄立言皆与他时常切磋交往。这些人拜孙思邈为师，孙思邈时常有妙论发表于席间，令众人茅塞顿开。

按照孙思邈的智商、情商和当时的人际交往关系，他是很适合步入仕途的。

学者黄卫平在《揭示孙思邈之谜》中考证，孙思邈可能是从过政的，主要理由一是根据出土的孙行墓志，贞观十年（636）至十七年（643）孙思邈应唐太宗召入长安时，很可能进入了魏王李泰府中为幕僚。孙行墓志中说孙思邈曾"身居魏阙之下"，虽然他的志向、抱负后来是通过医术实现的，但最初或许也有过经济仕途、匡扶天下之意。二是唐初，从唐太宗李世民开始，其王府幕僚后来皆为朝中大臣。延揽孙思邈的魏王李泰，此时正是争夺太子之位的热门人选。若孙思邈进入魏王府一说成立，足见他有政治上的追求。三是孙思邈在显庆三年（658）受到李治征召，李治给了孙思邈一个"尚药局承务郎"官职。尚药局是专为宫廷服务的皇家医疗机构，孙思邈因为他的高超医术而被留在朝廷中，一直到"上元元年（674）辞疾请归"，长达16年。孙思邈当尚药局承务郎时是很认真的，他一是坚持在尚药局当值承务，二是随时奉诏进宫。咸亨四年（673），高宗赴甘泉避暑，孙思邈被"征诣行在"随行，一去三个多月，甚至把来找他治病的卢照邻一人丢在他的住宅中。他还赴各地为地方官员或藩王府贵族行医，《千金方》记载，孙思邈先后为汉王和地方刺史一级官员多次治病，这应该都是他当医官时做的。

针对黄卫平的以上观点，学者常志诚并不赞同，并从两个方面进行了反驳。

一是孙行墓志中说孙思邈"身居魏阙之下"。常志诚认为，这里的"身居魏阙之下"，指的应该是孙思邈在唐高宗时被召进京做了承务郎，并非指孙思邈进过唐太宗第四子李泰的府第。

二是他认为孙思邈同意做尚药局承务郎，是因为完成《备急千金要方》后需要进行增修，必须继续读医药经典，做这样一个官，研讨经典更方便一些。承务郎只是一个身份，能解决其生活保障问题，且能让孙思邈结交京城名士，探讨交流医学知识，做这个官并不代表孙思邈有心于仕途。

我们不必对黄、常两位学者的不同观点进行评判，学术上的争论是再正常不过的事。

评价历史人物，应放在其所处的年代和历史条件下进行分析，不能离开对历史条件、历史过程的全面认识和对历史规律的科学把握，不能忽视历史必然性和历史偶然性之间的关系。

在中国古代，有"不为良相，愿为良医"的典故。这典故出自北宋时期名臣范仲淹。据宋人吴曾记载，范仲淹有一次到祠堂求签，问以后能否当宰相，签词表明不可以。他又求了一签，祈祷说，"如果不能当宰相，愿意当良医"，结果还是不行。于是他长叹说："不能为百姓谋利造福，不是大丈夫一生该做的事。"后来有人问他："大丈夫立志当宰相是理所当然的，但您为什么还祈愿当良医呢？这是不是有点太卑微了？"范仲淹回答说："怎么会呢？有才学的大丈夫，固然期望能辅佐明君治理国家、造福天下，要普济万民，只有宰相能做到。但现在签词说我当不了宰相，要实现泽被万民的心愿，就莫过于当良医了。"

良医的社会功能，与古代士大夫济世救人的情怀，事实上有共通之处。因此，不必因孙思邈"志逸沧海之隅"，便彻底否定他或许有过当官入仕、辅佐天子的意愿。就算曾经盼望过入仕，孙思邈以医救人的初衷，与此也相隔不远。

4.后裔之谜

孙思邈的后人,两唐书提到的有儿子孙行,官至凤阁侍郎。孙行墓志则载孙行先后任凤阁、鸾台、夏官侍郎,左台御史大夫,司礼卿,朝散大夫守太子中允。其官职当以墓志所记为全面。

一些专家学者认为孙思邈活了141岁(541—682),但根据孙行墓志,孙思邈去世时孙行42岁,如果孙思邈活了141岁,那么他在99岁时生下孙行,按一般人的生理条件,是不太合理的。不过,孙思邈毕竟精于医术、善于养生,情况如何难以下定论,只能说孙行42岁时孙思邈去世这件事是可以确定的。

《太平广记》记孙思邈另有一子,未传名。其文曰:"孙思邈,年百余岁,善医术。谓高仲舒曰,'君有贵相,当数政刺史。若为齐州刺史,邈有一儿作尉,事使君,虽合得杖,君当忆老人言,愿放之。'后果如其言,已剥其衣讫,忽记忆,遂放。"

孙行也做过县尉,据墓志记载,他先为鄜州(今陕西富县)洛交县尉,后调补洛州(今河南洛阳)渑池县尉,但未曾至齐州(今山东济南)任职,所以在齐州做县尉的或为孙思邈另一子,惜未传名。不过,高仲舒《旧唐书》有附传,是雍州万年(今陕西西安)人,官至"太子右庶子",未载其任齐州刺史之事,因此上述故事也可能是附会而已。

孙思邈墓

两唐书还记载孙思邈有孙，名孙溥，后任萧县县丞。史书中所记的显然不是孙思邈后人的全部，孙行墓志谓其"子淑等共承遗诫"，显然其子嗣颇多，孙淑应是孙思邈的长房长孙，孙溥只是其孙子中的一个。淑和溥同为"氵"旁，符合宗法社会中兄弟行的起名方式，可见新旧《唐书》、墓志所记不差。

孙思邈墓葬在何处？《旧唐书》和《新唐书》皆无交代。现今主要有两种说法。其一是河南济源说。济源有孙思邈墓，在王屋山中。其二是陕西耀州孙原说。孙原村有孙思邈墓及其父母墓，尚存清同治十一年（1872）石碑一通，镌有"敕封妙应真人圣神之先茔碑"大字，碑文中记载故茔"占地十七亩五分六厘"。墓前石碑、石几原本俱全，"文化大革命"中被毁，1992年恢复整修，建孙思邈陵园。

笔者考察过孙思邈故里孙原村。药王，是孙原村永久的"村医"、"村长"和"村魂"。

药王给故乡这块土地上的村民带来无限的荣耀和享受不尽的精神财富，使生活在这片土地上的村民，不仅形成热爱家乡、热爱生活、勤劳朴实、诚信重义、文明健康、同心同德的村风，也用智慧和忠诚、生命和汗水，自觉地守住了药王的遗迹。

2024年6月28日下午，笔者一行从铜川市耀州区的药王山向北走，到达药王故里孙原村。据说这个村子有3000多人，大多是孙思邈家族的后代。村里有孙思邈幼读遗址、药王庙、药王墓和明清时期的一些老宅子，2012年被列为全国首批传统古村落。据村里老人说，村民都是孙思邈族人的后代，但村里没有孙姓人家，而是以李姓和焦姓为主。当地村民的解释是孙思邈那时给皇上治病，风险极大，为保子孙安全，乃嘱族人改换姓氏。当地既无孙氏一族，自无传统族谱，方志更无孙氏家族演变的记载。

根据孙行墓志可推断，由于孙思邈之子孙行在朝为官，武则天迁都洛阳后，孙行亦迁家洛阳。至孙行去世时，家人皆在洛阳。孙行"以久视元年十一月七日遘疾，终于（洛阳）道化里之私第，春秋六十日即以其年腊月十六，迁窆于（洛阳）合宫县之北邙山"。这倒解释了孙思邈故里孙原村为什么没有孙思邈的嫡系后人。在武周时，孙行已经举家迁往洛阳，他死后也葬于洛阳北邙山，其家人在洛阳为其办了丧事。

村西南角有药王幼读遗址，相传是孙思邈小时候读书的地方，高墙红门旁有副对联："槐祖曾荫神童为一方名胜，孙公普救苍生称万世药王。"院子里有几个石碑，最有名的是"唐敕封孙真人古宅"碑，石碑上有一副对联："黄土浑厚蕴人杰，桑梓淳朴毓药王。"横批："德泽万代。"碑阴内文为："仙举五台，生子讳行，凤阁侍郎，孙讳溥，萧县丞，俱华原人，世居于此村。"字迹模糊不清。此处还有数孔土窑洞，相传是少年药王读书的教室。院中间长着一株参天槐树，距今已有1400多年，树身环围4到5米，高约15米余，槐荫覆盖达150余平方米。

院内有一排宣传画，介绍了孙思邈学医救人的故事，共20多个，都是民间流传的佳话。

村内还有药王祠，始建于宋代，是历代人纪念药王、进行祭祀活动的地方，现有青龙、白虎、药王大殿、圣母殿、药王祠广场、戏台、石台阶、卧柏、洗药池、民安宫进香碑等12个景点，都与药王有关。

药王祠中，水池上盘着一条青龙，柏树林中有一个汉白玉老虎。传说孙思邈晚年曾云游邱县，观其景物优美、民风淳朴，流连忘返，客寓郊寺，悬壶行医。他学习汉代名医董奉，治病不收钱、不受谢，只让患者病愈后在他借住的寺旁植杏树三株，经年之后植杏树百亩，郁然成林。杏熟了，他就以杏易谷赈贫。一天，有只老虎伏跪求医，孙思邈治愈其疾，老虎感恩，为其守护杏林，并充当药王坐骑。药王逝去后，虎绕寺哀啸三日，后来不知去向。

如今，药王祠前伏着一只老虎，便是纪念这虎守杏林的故事。

孙思邈故里白虎

孙思邈故里

祠中布展内容主要是药王生平及传说故事，如"唐王召见，辞官不仕""龙王赠《海上方》"等，内容丰富，令人目不暇接。大殿外正面檐下，绘有"药王诊龙"和"伏虎"等传说故事及太白山、峨眉山的风光等。大殿外两侧绘有"八仙过海""东来紫气"等故事。

孙思邈医虎图

药王坟在孙原村的西南,墓地东边上方是孙思邈父母墓,西边下方是孙思邈墓。墓前有清同治十一年(1872)孙家塬阁社弟子所立"唐代敕封妙应真人圣神之先茔碑",碑文云孙思邈"享年百有□岁,以永淳二年二月十五日羽化"。

孙思邈父母及本人墓碑

5.踪迹之谜

孙思邈的少年时代,是在故乡京兆华原(今陕西耀州)度过的。耀州东北15里的孙原村,就是他的家乡。

明嘉靖三十六年(1557)修的《耀州志》记载:"孙家塬即真人(孙思邈)籍里,在太元洞(药王山北洞)东北八里,今无人。真人故宅即孙家塬,土人就其宅作真人祠。"目前,孙原村中尚存真人故宅石碑和真人故里石匾。

幼年的孙思邈多病，为治病耗尽家资，他又目睹家乡父老缺医少药、贫病交加的悲惨生活，由此下决心做一名"大医"。他以历代名医为榜样，刻苦攻读各类图书和医学典籍。20岁左右，他就能为乡邻医伤治病了。从这时起，他开始了他的行医生涯，最初以渭北一带为主要活动地。

孙思邈成年后，为避战乱与朝廷征辟，离开故乡，时而隐居于产药名山，时而远游他乡行医。

秦岭主脉太白山素称天然药库，自古以来一直是医家和采药人来往的胜地。太白山上有药王洞遗址，在今三清池南；有药王池，在玉皇池东南；还有碓窝坪等处，据说孙思邈当年曾栖隐于这些地方。据《华严经传记》记载："义宁元年（617），（唐）高祖起义并州（今山西太原）时，邈（孙思邈）在境内，高祖知其宏达，以礼待之，命为军头，任之四品，固辞不受，后历游诸处，不恒所居。"

此外，在太行山中，发现过有关孙思邈的一些遗迹：

太行山南麓的茱萸峰（今河南修武县境内）有药王洞。《修武县志》记载，"药王洞，《府志》所云孙真人洞也，在茱萸峰下。洞深八九丈，内有石丸，大如绿豆，服之能已病。仰视有石罅、中嵌石莹长尺许，外环列石缶十余，皆倒悬其上，自古相传孙思邈尝居此间"。洞中原有孙真人碑、造像等文物。

在太行山东麓的鹤壁市五岩山中也有孙真人洞。洞中留下了宋元明清各代有关孙思邈的摩崖石刻，其中有金大定二十三年（1183）的石刻"孙真人晦迹韬藏"，还有清代石刻"大唐名医""胆欲大而心欲小""智欲圆而行欲方"门联。

考虑到太行山盛产中草药，虽无确定无疑的铁证，但孙思邈完全有可能在这一带进行过医学活动。

隋末唐初，孙思邈隐居在终南山的青华山上，与附近净业寺中的高僧道宣常相交往，谈论终夕。学术思想的交流，使他们互相启发。道宣本人精于医道，而孙思邈的医著中有关佛教"医方明"的内容也不少。青华山有药王洞、愈病洞遗址，皆为纪念孙思邈而设，洞中曾有孙思邈像。

唐太宗即位后，特将孙思邈召至京师长安。当时，唐太宗发现孙思邈气质老成而容色甚少，赞叹道："故知有道者诚可尊重，羡门、广成岂虚言哉？"这次进京，孙思邈有了更多的机会接触长安名医，看到各类医药书籍。他与甄权、甄立言等名医关系密切，一起会诊病人，切磋学术。孙思邈还记载了当时不少医家的学术经验，并为魏徵、令狐德棻等人编修史书提供资料，对史书编纂做出贡献。

贞观年间（627—649），孙思邈曾南下四川，先后到过梓州（今四川三台）、飞乌（今四川中汇境内）、玄武（今四川中江）、蜀县（今四川华阳）、内江、江州（今重庆）、峨眉、青城等地，考察医药、采集药材、炼制丹药、沿途施诊。

据《备急千金要方》记载，孙思邈曾从峨眉山道士口中，了解到峨眉山人高子良服柏叶充饥的方法。他在江州，为湘东王治愈了脚气病。他治疗过梓州刺史李文博的消渴病，并在蜀中找到了难寻的药材曾青。他在蜀县魏家炼过丹药。

孙思邈当时亦在陕西为人看过病。他在梁州（今陕西汉中）

为汉王李元昌治疗过水肿病；在陇州为韩府君治疗过风疾，陇县至今仍有药王洞和孙思邈晒药场等遗迹。

在长期的医药实践、文献研究、实地考察及与医家、学者、群众的广泛接触中，孙思邈搜集到丰富的资料，在深入调查研究的基础上，于永徽三年（652）撰成了《备急千金要方》30卷。宋代学者林亿称赞该书"上极文字之初，下迄有隋之世，或经或方，无不采摭。集诸家之所秘要，去众说之所未至"。

显庆四年（659），唐高宗召见孙思邈，欲授予谏议大夫一职，孙思邈辞谢不受。这次征召后，孙思邈在长安居留长达16年之久，其间曾随唐高宗到过唐朝避暑胜地——麟游九成宫，还到过东都洛阳。

上元元年（674），孙思邈以疾病为由请求回乡，朝廷赐以良马代步，又让他居住于京城光德坊晋阳公主（史书方志误写为"鄱阳公主"）故宅。当时著名之士，如世称三绝（文辞、书法、力量绝人）的宋令文、药物学家孟诜、文学家卢照邻等人皆拜孙思邈为师，向他请教学问。

孙思邈晚年离开了长安，返回故乡，到磬玉山上

孙思邈故里风景

居住。此山颇合《千金翼方·退居·择地》中孙思邈对居住之地的要求："必在人野相近，心远地偏、背山临流、气候高爽……左右映带，岗阜形胜。"药王山与宝鉴、锦屏、将军诸山相依，面对漆沮二水和富饶肥沃的原野。这里山势巍峨，古柏茂密，药草遍地，文物胜迹颇多。在山上，孙思邈继续从事医学活动，坚持著述，于逝世前撰成了《千金翼方》30卷，比《备急千金要方》又增加了不少新的内容。

还有些学者认为孙思邈到过湖南、山东等地，这些地方都有纪念孙思邈的药王庙。

学者孙鹏曾梳理孙思邈一生主要居住地，有10处，一是京北华原磬玉山，也就是今天陕西铜川的药王山；二是西府太白山，地处今陕西眉县；三是四川通江县，地处四川省巴中市；四是长安太乙山，即现在西安市南面秦岭中段的终南山；五是南岳衡山，地处湖南衡阳市；六是梁州天台山，地处今陕西汉中市；七是蜀中，在四川成都附近；八是峨眉山；九是灌县青城山，在今四川都江堰市；十是长安城，当时孙思邈居住在现在西安市城墙内西北角的药王洞街。①

尽管许多地方孙思邈并不一定真的到过，但药王的庙宇遍及海内。据不完全统计，目前全国各地的药王庙、祠、洞等纪念地起码在200处以上。究其原因，主要是孙思邈的医德、医术深入人心，千百年来一直为人们所缅怀。

---

① 孙鹏：《善待生命　励志有为》，《孙思邈研究》2023年第17期。

6.身份之谜

孙思邈以医药学家的身份享有盛誉,驰名中外。不仅如此,他还被看作一位奇特、神异、智慧、博学、薄名利、鄙富贵、享高龄的传奇式人物。[①]

> 孙思邈是我国唐代伟大的医学科学家,他寿越百岁,一生从事医学研究、著述和临床实践,留下了以《备急千金要方》《千金翼方》为代表的医学著作,成为祖国医学理论的重要构成和精华,影响着自唐迄今的中医药学的发展和进步。 孙氏的成就不仅源自他的"上智之材",更重要的是来自他的勤奋博学,来自他"涉百家,破万卷"的不懈努力,他也因此有了"圣童""鸿儒""居士""处士""真人""药王"的称谓。透过这些称谓,我们不难发现,这其中既不乏有与孙思邈一生的信仰有关的因素,还有

孙思邈纪念馆中的孙思邈介绍

对于孙思邈的身份,历史上说法丰富多彩,有"圣童""鸿儒""居士""处士""真人""药王"等称谓。有的称谓将他神化到"仙"的程度,尤其是"真人"这个称谓。

"真人"指的是修真得道的人。《庄子·大宗师》云:"且有真人,而后有真知。何谓真人?古之真人,不逆寡,不雄成,不谟士。""真人"一词,除了使人景仰与羡慕之外,还多少带有

[①] 李经纬:《孙思邈研究集成概说》,载钱超尘、温长路主编《孙思邈研究集成》,中医古籍出版社,2006,第2页。

些神秘色彩。

孙思邈是医药学家,这一点,在他生前逝后都毋庸置疑。但除此之外,不少人认为"孙真人"是道士,乃至将他视为神仙。

孙思邈与道教有缘,但是否真当过道士?对于这一问题,历史上曾经有争论。

许多学者专家认为孙思邈当过道士。《中国历史大辞典》称孙思邈为"唐代著名道士、医学家、药学家"。武斌主编的《中医与中国文化》一书中说:"唐代道士孙思邈也在医药学上做出了重要贡献。"[①] "孙思邈自号孙真人,是隋、唐两代著名道士、大医学家。"[②] 但是,至今为止,在史书中未曾发现孙思邈生前通过宗教仪式成为正式道士的记载,尽管他确实深受道家影响。

孙思邈所处的唐代,对道家、道教十分推崇。唐高祖于武德八年(625)亲自在国子监宣布三教地位:第一是道,第二是儒,第三是佛。唐太宗即位后仍按道、儒、佛的次序排列三教,直到武则天掌政后尊佛抑道,才改变了儒、佛、道的地位。在这种背景下,孙思邈的思想受道教影响并不奇怪。

历史上,道家哲学对中医学产生过重大影响。中医学在道家的影响下,以老子"人法地,地法天,天法道,道法自然"的思想规制医学模式,在哲学上表现为"医道同源"。孙思邈重视老庄之学,吸收道教思想,炼丹、行医长达40余年,弘扬了道家养生养性的观念与医学原理。

北宋崇宁三年(1104),宋徽宗敕赐发端于宋仁宗嘉祐年间

---

① 武斌:《中医与中国文化》,辽海出版社,2015,第50页。
② 武斌:《中医与中国文化》,辽海出版社,2015,第58页。

的"真人祠"为"静应庙",敕封孙思邈为"妙应真人"。他在牒文中写道:"山川胜境,仙圣所居,其盛德懋功显闻于世者,朕必秩而祀之。惟真人生于有唐,见谓隐逸,应物之迹,具载史官。庙食华原,时乃乡县,祈禳休观,美利在民,肆加褒崇,特建荣号。尚其歆怿,永福此邦。"

孙思邈与道教的关系,是在他行医、炼丹、著书、由皇帝加封的过程中发展演绎而来的。或许可以说,孙思邈生前不是道士,直到逝后才被看作道士。至于孙思邈身列仙班这一带有民间感情色彩的说法,在中国史志、文学和朝鲜《东医宝鉴》等著作中也十分多见。

千百年来,人们对孙思邈充满敬仰之情,按照自己心目中的期望,在脑海中演绎出不同形象的孙思邈,这在中国历史上是常见的事。

7.隐居之谜

隐居,顾名思义,就是把自己隐藏起来,不让人家知道自己的居住所在地。孙思邈在漫长的一生中多次隐居,其原因既有政治因素,如避世保身、远离政治腐败;也有思想文化因素,如受道家思想影响、崇尚隐士文化;亦有个人追求因素,如追求学术研究、寻求心灵宁静等。

孙思邈隐居的地方大多数是名山,这与他的理想有关。一方面,他不愿意当官,希望远离红尘,避免政治上的风尘干扰他;

另一方面,他在大山深处,可以采集中草药,更好地为老百姓治病。他隐居起来,还能静下心来潜心研究医术,也可以总结梳理医学经验,撰写《备急千金要方》《千金翼方》。

孙思邈一生到底隐居了多少次?隐居在哪些地方?这个问题争议也不小,史料上没有定论。可以确定的是,孙思邈每次隐居都与当时的政治气候息息相关。

《旧唐书·孙思邈传》记载:"周宣帝时,思邈以王室多故,乃隐居太白山。"当时他为什么要隐居呢?这得从北周王朝谈起。

西魏恭帝四年(557),权臣宇文护强迫西魏恭帝元廓禅位,改国号为周。北周建德元年(572),周武帝宇文邕攻灭北齐,统一了黄河流域。在他的治理下,人民安居乐业,生产力有了较大发展,北周成为一个强大的王朝。可就在攻灭北齐一年后,周武帝去世了。建德七年(578),太子宇文赟继位,即周宣帝。宣帝和他的父亲完全不同,是个昏庸的暴君。他一连立了五个皇后,并且搜刮无数民间女子充实后宫。他每天不是幽居深宫、寻欢作乐,就是晨出夜归,在郊外打猎,朝政从此荒废。周宣帝即位后,颁布《诏制九条》。其中的第八条是:"州举高才博学者为秀才,郡举经明行修者为孝廉。上州、上郡岁一人,下州、下郡三岁一人。"孙思邈在少年时代曾受西魏重臣独孤信品评,由此引起了世人的注意,再加上他确实是饱学之士,地方官府接到《诏制九条》后,自然是会推荐他的。孙思邈是个有骨气的学者,当然不愿意为宣帝这样的暴君效力。孔子曰:"天下有道则仕,无道则隐。"既然"(天下)无道",孙思邈决定隐居。他为了能够摆脱官府的纠缠，离乡背井，上了太白山。

由于史籍失载，学者李经纬以《千金翼方·退居》中孙思邈所说的三个隐居地点条件为依据，推测陕西耀州北五台山是合乎孙思邈理想的归隐处。这里正符合"山林深远固是佳境"，"必在人野相近，心远地偏，背山临水，气候高爽，土地良沃，泉水清美"和"若得左右映带岗阜形胜，最为上地"的自然环境条件。

据有限的史料考证，孙思邈在三个地方隐居时间最长——太白山、峨眉山和药王山。

北周大成元年（579）至唐咸亨三年（672），也就是孙思邈大约38岁到86岁期间，他隐居在太白山。孙思邈在这里隐居近50年，很可能是由于喜欢这里的自然环境与人文宗教历史背景。

太白山位于陕西关中西部，它是秦岭山脉主峰，也是一座宗教名山。据《云笈七签》记载，太白山是道教三十六洞天之第十一洞天（德元洞天），山上有按道教神仙谱系建立起来的庙宇建筑群，即所谓"十里一寺，五里一庙"。道、佛、儒三教在太白山相融相通，比如，太白山拔仙台曾建有一座三圣殿（"三圣"指老子、孔子、释迦牟尼），门上的楹联明确提出"三教同源"。在其他宗教名山，这是很少见的。

《续仙传·孙思邈》记载，孙思邈曾"学道、炼气、养形，求度世之术"。孙思邈来到太白山隐居，一方面"学道、炼气、养形，洞晓天文推步，精研医学，审察声色，常蕴仁慈"；另一方面为山民行医治病，并同他们攀绝壁、登悬崖，采集药材，足迹遍及每一个山头沟壑，查遍了整个山上数百种药草。

太白山山崖之上，有一条栈道，盘旋在山腰之间，相传这个栈道是当年孙思邈为上山采药而带领山民专门开凿的,所以后人把它称为"药王栈道"。

相传孙思邈当年上山隐居时,住在这里一个叫"碓窝坪"的地方,就是一个由石头堆积成的窝棚。孙思邈在这里做些治病救人的善事,也留下了许多美好的传说。

陕西中医药大学的张厚墉教授曾多次考察调研过碓窝坪,此地在太白山汤峪河谷内23公里处。

张厚墉认为,碓窝坪自古就是隐者与道士云集的地方。古代道教徒称为西楼观的楼观庵就在这一带,传说老子在那里讲过《道德经》,附近还有道士云集的钟离坪,相传老子曾拴过青牛的青牛洞等。碓窝坪有许多数十公里长的洞穴,多为古代道士居住之地,非常适合隐居。

孙思邈在《备急千金要方》中说,他在三十八九岁的时候,每天要敷服五六两的钟乳石,离碓窝坪不远的神仙洞中正好就有质量很好的钟乳石。《备急千金要方》还记载,孙思邈在武德年间从静智道人处得到三健散,这也应当是他在太白山隐居时发生的事。

此外,汤峪河谷常年生长着许多著名的药用植物,如太白米、太白手掌参、药王茶等。太白山一带的草医更是我国民间医药的活化石,历史悠久而漫长。孙思邈隐居在这里,一方面可以亲自采药制药,另一方面也可以同民间医士切磋医术。

关于这里生长的"手掌参",民间有这样的传说。

有一天,孙思邈在太白山上采到了一棵人参,谁知那是个人参精。人参精趁孙思邈不注意的时候偷偷跑了。孙思邈到处寻找，找到东北的长白山上，才又找回这人参精。因为怕人参精再一次偷偷跑掉，孙思邈想了一个办法，拿出了一根红头绳，拴住这个人参精的双手，牵着它往回走。走到太白山，回头一看，人参精只剩下双手了。因此，太白山的人参叫作"手掌参"。

唐武德元年（618），孙思邈又到终南山深处的青华山隐居。他在这里结识了净业寺的高僧道宣。据载："处士孙思邈，尝隐终南山，与宣相接，结林下之交。每一往来，议论终夕。"

道宣（596—667），俗姓钱，丹徒人，9岁就会写赋，被人们视为"神童"；15岁时开始厌恶世俗生活，落发为僧，受业于长安日严寺智頵大师；20岁时在长安弘福寺从智首大师受具足戒。他笃志勤劳，跋涉山川，参学四方名师益友，不仅集律学之大成，而且"外传九流，内精三学"，是多方面都有成就的学者，对中国医学和印度医学都很有研究。孙思邈在同道宣的交往中，借鉴和吸收了佛学有关静心养性的理论，大大丰富了他的医学知识和哲学思想。

贞观六年（632），孙思邈二谢御请，决定为医而不仕。之后，他首次入川，跑到峨眉山隐居。

峨眉山位于四川峨眉山市西南，为中国佛教四大名山之一，相传为普贤菩萨应化的道场。

孙思邈这一次先是到峨眉山，第二年又到内江，沿长江东下，到渝州（今重庆），过三峡，进夏口（今湖北武汉），到江州。接着，他逆汉江而上到了梁州（今陕西汉中）。贞观十年（636），孙思邈再次入川，到梓州（今四川三台）。他在玄武（今四川江中）和梓州境内的飞乌获得了一种叫曾青的药材，在蜀县（今四川成都）附近又购得雄黄，并用这两种药材炼制成"太一神精丹"。

《峨眉县志·方舆》中则有这样的说法："在县西40里，两崖峭立，符文水经其下，仰观青天，才余一罅，孙思邈修真地也，有荼蘼洞、养龙潭、瀑布崖、种花浮诸胜。"县志记载，这里有"呼应峰，即孙思邈与茂贞尊者（一位高僧）呼应处"，是孙思邈和僧侣朋友经常一起下棋、长啸、见面打招呼的地方。《峨眉县志》中还说，当地有孙真人洞："孙真人洞，一名丹砂洞，在峨眉山牛心寺左右，孙思邈炼丹处。岩石皆碎裂，无草，盖丹气熏蒸所致。"相传孙思邈在此处炼制太一神精丹。

在《千金要方·辟谷》中，孙思邈提到了一种"高子良服柏叶法"，这个食方就是他在峨眉山寻方采药过程中发现的。他说："昔庞伯宁……修道佐时也，世遭饥运，又避世峨眉山中，饥穷欲死，适与仙人高子良五马都相遭，以此告之，皆如其言，尽共服之，卒赖其力皆度厄，后以告道士皆进，得其方遂共证之。"这是孙思邈与道士们在峨眉山同服食方的见证。

关于孙思邈在四川的活动，四川《通江县志》中还有"孙思邈采药于邑东龙溪，遗址宛然"的说法。该志记载了孙思邈在通江"采药药王坡"之事。通江地区位于四川东北，多山多水，自古以生漆药材著称，所产银耳尤为驰名，确为采药的胜地。

上元元年（674），孙思邈以百余岁高龄回到故乡孙原，开始了他晚年的最后一次长期隐居。

这一年，孙思邈觐见唐高宗，自称患了病，要求唐高宗批准他返回家乡华原休养。他究竟患的是什么病？史书没有记载，很可能他并无疾病，生病只是要求回乡的借口。

孙思邈为什么想离开长安城？原因可能有两个。

首先，这与当时的政局有关。唐高宗统治后期，武曌逐渐控制了中央政府的实权。武曌见高宗病魔缠身，活不了多久，便积极为在高宗驾崩后夺取帝位做准备工作。懦弱的唐高宗，明知李唐王朝已经到了危险的时刻，却束手无策。孙思邈看出政局的紧张，他一向认为"若知进而不知退，知得而不知丧，嗜欲煎其内，权位牵其外"，必然遭遇"祸败夭横之事"，所以要求隐退。

第二个原因是《备急千金要方》问世后，孙思邈又学到了许多医药学的新知识，搜集到大量新药方。他发现《备急千金要方》并不完备，且有谬误之处，决定再写一部巨著，作为对《千金要方》的补充。可是，由于他的名声太大，不断有人登门拜访或求医，严重干扰着编书工作。他早已到风烛残年的岁数，如果继续留在长安城，万一身体上出现点问题，有个三长两短，新著就永远不会问世了。与孙思邈同时代的高僧玄奘法师从天竺取经返抵长安后，曾先后在大慈恩寺、西明寺翻译佛经。后来，他嫌"京城人众，竟来礼谒"，经唐高宗批准，迁居到长安北面200余里的玉华寺（原为唐太宗的离宫，叫玉华宫）。玄奘在此仅用3年时间，就译成了长达600卷的《大般若经》，可见环境对工作效率影响甚大。孙思邈也想找个清静地方全力编书。由于他已经100多岁了，体力衰退，不可能再到太白山、峨眉山那样的高山上居住，常言道"叶落归根"，他自然要回到家乡华原县。孙思邈自显庆四年（659）应诏入京，到此年返乡，一共在长安城中居住了15年。

孙思邈回到华原县后住在什么地方呢？"两唐书"中的《孙思邈传》都未做记载，但据《备急千金要方·退居》，孙思邈要求子孙往其住地运送生活用品，可见他并不住在孙原村的家中。

从今日的耀州城向东望去，数里外有五座云树苍茂、古建筑星罗棋布的山峰，均顶平如台，它们属于唐代的磐玉山，也就是今日的药王山。其中西南部有一峰（升仙台），顶部是一块10亩大的小平台。大约从唐末起，人们为了纪念孙思邈，就在此建了一座庙宇，北宋时称真人祠，又名静应庙，元朝时改称静明宫，今天叫南庵，一般认为孙思邈晚年隐居于此。北宋崇宁元年（1102），束长孺在《耀州五台山静应庙记》一文中写道："郡城之东五里有五台山孙真人祠，实旧隐也，以美利在民，庙食久矣。"可见早在北宋时，就有南庵是孙氏旧居的说法。

据有关记载，孙氏在南庵的隐居地，其布局如下：正屋为三间瓦房，是孙思邈的寝室。西面有一间孤立的小屋，是会客室。有客人来访便带入此屋接待，而不引入正屋，其原因是担心客人带来的"秽气"会"损人坏药"。正屋背后是两座小屋，一座是药房，里面置有高脚立柜，柜内存放着药材；另一座是药器房，地面铺有厚木板，药器放置于板上。正屋东面十步远处，又建屋三间，是厨房，其中两间为操作室，一间当仓库。仓库内靠东面墙置有木架，孙思邈叫"棚"。棚高8尺，长1尺，宽4尺，分两层，是存放食物用的。为什么厨房不与正屋建在一起呢？是为了避免烟气呛人，同时防止引起火灾。厨房的东面建有一座房子，共两间屋，是孙思邈弟子和家人们的住处。正屋西北面还有一座房子，两间，是料理和曝晒药物的场所，为防止闲人出入，用篱笆隔开。正屋后面三十步又有一座小屋,是孙思邈念经入定的地方,不准别人随意出入。门共三座,即大门、中门和后门。大门和中门之间建有水池,面积约半亩,深3尺,水常满,种有荷花。池岸边是花畦,栽着菊花。孙思邈这一组住宅,占地面积大,房屋多达七座,但就房屋的质量而言,除正屋有瓦以外,都是草房。墙体坚固厚实,厚顶长檐,通风透气,冬暖夏凉,设施完备。

磐玉山北峰腹部有一孔岩洞,高约4米。本名叫"空居",后人称之为"太玄洞""太元洞""龙穿洞",深达40里,相传孙思邈也在里面居住过。

磐玉山西面,漆水河古道环山而过。到今天,此河西移,水量不大,但唐代关中属亚热带气候(今为暖温带),降雨量比今天大得多,因此唐代漆水河的流量比现在大。磐玉山东面是高耸入云的宝鉴山。孙思邈认为住宅应当"背山面水",他将住宅建在磐玉山上,是符合这一要求的。

孙思邈隐居,实质上是生命不息奋斗不止的一种体现。他看透了世间万象,留给自己一片安静之地,用于完成著作。开耀元年(681),孙思邈完成了《千金翼方》,把中国传统医学推向了一个新的高峰。

8.赏识之谜

孙思邈学问渊博,善谈老子、庄子学说,精通佛家经典,医术高超,医德高尚,不仅在平民中享有声望,唐两朝帝王将相对他也是敬重有加。

历史上孙思邈曾经历三次御请:

其一,隋文帝杨坚登基前,曾征召孙思邈为国子监博士,孙思邈托疾不就。"隋文帝辅政,征为国子博士,称疾不起。"(《旧唐书·孙思邈传》)

其二,贞观元年(627),唐太宗李世民即位后,召孙思邈至长安,"及太宗即位,召诣京师"(《旧唐书·孙思邈传》)。唐太宗称赞孙思邈年老气壮,听视聪敏,才能和道德好,拟授他官职爵位,孙思邈固辞不受。

其三,显庆四年(659),唐高宗召见孙思邈,并拜他为谏议大夫,孙思邈又辞而不受。

关于唐高宗赐官谏议大夫之事,史书上有两种不同的记载。《旧唐书·孙思邈传》说:"显庆四年(659),高宗召见,拜谏议大夫,又固辞不受。"而《唐会要》记载,"(显庆)三年(658)诏征太白山人孙思邈至……至四年(659),思邈授承务郎,直尚药局"。按《唐会要》的记载,孙思邈应是接受了承务郎一职。

太白山的药王栈道，相传为孙思邈采药之道

无论是否为官，孙思邈在最后一次被征召后，确实留在京城长安居住了十多年，除诊疗工作外，也继续从事学术研究和著作工作。孙思邈在此阅读了皇室的医学藏书和不少医家珍存的贵重资料，并吸收了外国流传来的医学理论和经验。

唐代是我国历史上一个重要的时代，在政治、经济和文化上都有空前的进展。太宗、高宗统治的50多年，从"贞观之治"到"永徽之治"，奠定了唐代300年的基础。

唐代延续和发展了隋朝的医学政策和措施。在唐代，医学受到朝廷和皇帝的重视，医学教育十分繁荣。唐中央政府在长安设立了医学最高学府太医署，各府、州也相继设置地方医疗机构。唐太宗、唐高宗还设立了药园及病房。在这样的环境下，身为大医的孙思邈自然得到了足够的尊重。

在盛唐时期，朝廷曾敕命修订《明堂图》。《明堂图》是根据人身上的经脉腧穴绘成的图像。唐太宗敕令李袭誉[①]牵头，以名医甄权所作《明堂人形图》为底本进行修订工作。孙思邈也参与了这次修订。其间，他认为过去的明堂图多有传写错误，"出没往来，难以测量，将欲指取其穴，非图莫可"。孙思邈查阅文献，研究复杂经络，与承务郎司马德逸、太医令谢季卿、太常丞甄立言等一起校定《明堂人形图》，并亲手创绘了世界上第一部有仰人、背人、侧人三种图像的彩色《明堂三人图》。孙思邈还以晋代皇甫谧的《甲乙经》校核刘宋秦承祖的明堂图，指出了秦图的缺误。

除在医学上赏识孙思邈，唐朝廷也看重他的见闻阅历。据《旧唐书·孙思邈传》记载，唐贞观三年（629），名臣魏徵等奉诏编修齐、梁、陈、周、隋五代史，魏徵唯恐有误差遗漏，曾多次访问孙思邈并向他请教，孙思邈随口讲述，有如目睹。同年，朝廷又诏魏徵、颜师古、孔颖达、许敬宗等修撰《隋书》，至贞观十年（636）书成。这期间，孙思邈发挥了顾问的作用。

9.著述之谜

孙思邈一生到底留给后人多少文献，史书上没做精准统计。有学者认真研究过这个问题。据不完全统计，题为孙思邈所著的

[①] 李袭誉，字茂实，唐初大臣。唐太宗讨王世充，以李袭誉为潞州总管。后历任太府少卿、江南道巡察大使、凉州总管等职，撰《五经妙言》四十卷、《江东记》三十卷、《忠孝图》二十卷。

各种著述将近70种，其中有20余种基本可以肯定为孙思邈所著，其余40多种大部分为托名之作，个别真伪尚待研究确定。

孙思邈的著述，涉及临床医学各科、预防医学、药物方剂学、针灸、气功、导引、炼丹、哲学、数术等，但多已散失，遗留下来许多学术问题，有待研究。

撮其大要，孙思邈的医学成就可归纳为以下几个方面：

在基础医学上，孙思邈继承和发扬了自《黄帝内经》以降的医学基础理论，对脏腑学说尤为重视，对脉学、经络、腧穴、诊法和辨证论治思想论述精深，继承中有所发展；他所注重的脏腑辨证等方法，为后世医家所采用；他对于经方学派和医经学派的学术思想兼收并蓄，并予以发展。《备急千金要方》要求医生努力学好医学基础知识，还必须具备哲学、文学、史学、数学和其他自然科学、社会科学的相关知识，这种思想难能可贵。此外，孙思邈书中保存了一些古代曾失传的医书，如《伤寒论》《神农黄帝食禁》《本草经集注》等的内容，并吸收了中国少数民族医学、印度医学、波斯医学和罗马医学中的一些内容，有很重要的文献学价值。

临床医学方面，孙思邈成就也很大。孙思邈特别重视妇女儿童病症的防治，奠定了妇科、儿科独立分科发展的基础。一来，他的论著对妇产科的发展起了极大的促进作用；二来，学者普遍认为《千金方》中的《少小婴孺方》是医学史上现存最早的儿科专著，其内容对宋代钱乙的《小儿药证直诀》一书有很大影响。孙思邈在临床各科证治、急救医学、针灸学等方面，都有丰富经验和创造性成就。

药学和方剂学方面,孙思邈重视道地药材,强调采药的时间、储藏、炮制、煎服法,服药的时间、药量、禁忌及丹药的炼制等。《备急千金要方》《千金翼方》载方6500余首,吸收整理或化裁改良前人经验,创造了许多方剂和剂型。

有关预防医学,孙思邈的研究主要集中于食疗养生、卫生习惯、气功、导引、按摩、衰老的预防、传染病的预防、眼病的预防等方面。孙思邈重视预防的学术思想和具体经验颇有实用价值。

孙思邈在医德方面也颇有建对,其著作涉及医患关系、医护关系、同道关系、医家思想修养、"诚"与"精"的关系、医德规范、医德情感、医学伦理学、社会医学、医学社会学、医学心理学、卫生立法、卫生思想政治工作等多方面问题。孙思邈的医德思想,对后世医学伦理学的发展产生了深远的影响,至今仍有深刻的现实意义。

药王孙思邈的著作,自唐代中期以来,一直是中医界、史学界的重要研究内容。1949年后,对药王的研究更是形成了高潮,纪念药王诞辰大会和相关学术会议不断召开,相关研究机构成立,产生了数百部著作、近万篇论文。

不过,对孙思邈各种著述的研究,还有一段不短的路要走。孙思邈的著述到底有多少,哪些是孙思邈本人所著,哪些是托名之作,尚待继续研究。

10. 成功之谜

任何一个人的成功，都有其历史必然性。孙思邈之所以能成为医学大家，除个人天资聪慧、勤奋努力、心怀大志、目标坚定等内因之外，得到名人大家的指点和真传，以及生活在开放交流的大时代环境下，是不可忽视的重要外因。

孙思邈虽然多次长期隐居于山林，但始终生活在民间，不忘救治病人、不忘采药觅方；到京城或云游四方时，他又广泛接触社会各阶层，结交多方朋友，同他们倾心交谈，这拓宽了他的视野，为他构建自己的医道思想文化体系提供了极为有利的条件。

《旧唐书·孙思邈传》记载孙思邈和当时以书法诗文闻名的宋令文、药学家孟诜等知名人士常有往来，他们"执师资之礼以事焉"。宋令文，生卒年无从考查，富于文辞，工书，高宗时为东台详正学士，其长子宋之问以诗闻名。孟诜（621—713），梁县人，进士出身，武后时为台州司马，为当时知名之士，撰有《食疗本草》。孟诜编撰《食疗本草》时，或许向孙思邈请教过医药学、食疗知识。

咸亨元年（670），孙思邈陪高宗到陕西西部麟游县的九成宫，与在此养病的著名文学家、诗人卢照邻相会。卢照邻（约630—680），字升之，号幽忧子，为四川新都县尉，是"初唐四杰"之一。之后，卢照邻为他作《病梨树赋》。

孙思邈青壮年时期正值隋唐大统一重建时期，政治稳定、经济繁荣、对外交往频繁，思想领域处在儒、释、道三家并立又相互渗透的状态。上元元年（674）前后，孙思邈参加过朝廷在长安举办的道、儒、佛三教大辩论，并著有《会三教论》一书。这种文化背景，对孙思邈构建"三家同源为体、三教合一为用"的医学思想文化体系有着很大的影响。

这个时期的中外医药学交流，亦为孙思邈的成功奠定了信息和平台的基础。

唐代是开放的时代。在唐代，陆上丝绸之路和海上丝绸之路把中国同今日的朝鲜、日本、印度、巴基斯坦、阿富汗、伊朗等许多国家和地区联系在一起，扩大了双方在政治、经济、文化、商贸等方面的交流。长安成为中外文化经济交流的中心，使节、商贾往来频繁，文化交流增多。

唐代海外的医药交流比以往的朝代更加频繁。中医学成就的海外影响增大，外国的医学著作、药材和经验技术也传入中国。这些不仅丰富了中国医学，也促进了世界医学的发展。孙思邈抓住了大发展、大繁荣、大开放的时代潮流，努力"修炼"，潜心发展和提升自己，终成一代大家。

第二章 走上从医路

孙思邈认为，百姓需要医者救治，这才是自己应该做的事。于是，他决定专心医道，不问世事。这一决定彻底改变了他的人生轨迹，也让他最终走向了成为药王的道路。

1. "圣童"的美誉

孙思邈的出生地孙家原,是一个位于京城长安东北180里的小村庄,在峰峦叠翠的宝鉴山下,树木笼罩,景色秀丽。孙思邈家算是中等人家,虽然继承了一些祖传产业,但不算大富大贵,日子仅仅是过得平静安谧而已。

西魏大统七年(541)农历四月二十八日,风和日丽的晌午,一个男孩呱呱坠地,父母给孩子取名孙思邈。

孙思邈的父亲孙孝冰和母亲雷氏都是朴实善良的人,夫妻恩恩爱爱。孙思邈4岁时,母亲教他识字,7岁入学,日诵千言。他勤奋好学,每每遇到疑难,掌灯思索,常至深夜,困了就趴在桌上睡一觉,醒了继续攻读典籍,直到弄懂了才肯罢休。他博览群书,11岁就能出口成章,作诗答对,远近闻名。

相传,孙原村有一棵苍老古槐,就像一位饱经风霜的老人,穿越时空隧道,见证过孙思邈幼时的身影。幼年的孙思邈常穿一身青衫、一双麻鞋,或坐在树下边读边想,或与小伙伴你追我赶,有时还比赛爬树。他上的是村里私塾,却不以私塾先生所教功课为足,放学后继续在家挑灯苦读。

相传,有一次,母亲雷氏见孙思邈捧着一只肉乎乎的雏鸟,一看就是从村里槐树上掏来的,忙道:"孩子,小鸟也有爸妈,你不该抓它。你想,它离开了爸妈,还能长大吗?小鸟的妈妈见不到孩子，能不伤心吗？"

"娘，是我不好。"孙思邈听了，连忙小心地将雏鸟用布衫兜着，爬上大槐树，将它放回小窝，且将窝里的杂草抚平。

"这就对了。往后，可不得伤害鸟儿了。"

"娘，我懂了。"年幼的孙思邈连连点头。

雷氏常通过日常生活中这样的点滴小事，向儿子传播仁爱和怜悯精神。

孙思邈13岁时，在孙家宗族主办的私塾读书。

在当时的社会环境里，女孩一般都不读书，但民间传说，当地有个叫王秀云的女孩，是独生女，父母亲把她视为掌上明珠，渴盼她读书识礼，长大能嫁个会读书的佳婿，光耀门庭。于是，父亲王宜德将女儿送入孙思邈所在的私塾读书。

学校门前有条小道，小道下面有条小河，河中有几个石礅子，学生们每天上学都要踩石礅子过河。有一次，小河突然涨水，秀云因前两天放学时在路上捕捉蝴蝶，不小心绊倒，碰破了腿，不能蹚水，站在河边急得没办法。孙思邈看见，便把秀云背过河去。这一背不打紧，被几个学生看见了。第二天早晨，学生们异口同声向老师告状，说孙思邈不怕丢人，背女同学过河。

在当时，男女授受不亲是天经地义的，男孩背女孩，这还了得！老师很恼火，罚孙思邈跪在地上，生气地问："你昨天做了什么事？"孙思邈坦然地说："老师不是常教导我们要扶危救急吗？王秀云腿碰破了，不能蹚水，我看她可怜，就把她背过河，有啥不好？"迂腐的老师一听更恼火了，罚他作诗顶罪，如果作得好，免打板子；作得不好，重打屁股十板。

孙思邈跪在地上,用笔写道:"妹妹佳人走碧流,学生权作渡人舟。轻轻背到河对岸,默默无言各自休。"老师一看,大吃一惊,没想到他能写出这么像样的诗,一腔怒火烟消云散。

在孙思邈15岁那年,也就是西魏恭帝三年(556),西魏尚书令独孤信从长安到洛州巡视民情,途经华原县,受到华原县令的隆重接待。在言谈中,他知悉县东孙原有位才思敏捷的幼童孙思邈,很感兴趣,遂令县令传孙思邈来见。

相传,这天正逢中秋佳节,独孤信在县令的陪同下,正在县府花园中谈诗论道,眼前突然出现了一个穿着绿衣的英俊少年。衙役跪下道:"禀告大人,孙思邈来拜见大人!"身材魁梧、穿着红袍的独孤信欣喜地点头,问孙思邈:"今年几岁?"

"禀告大人,思邈今年15岁!"

县令为了向独孤信证明孙思邈确实是一位才思敏捷的少年,便看着池塘里正在戏水取乐的鸭子,顺口出了个上联:"母鸭无鞋空洗脚。"

孙思邈听了,向池边一望,见远处有只公鸡正在低头觅食,灵机一动,立即接口对出下联:"公鸡有髻不梳头。"

独孤信和县令听了,不由得拍手叫好。

当晚天高气爽、月明如昼,县令设宴款待独孤信,在庭院饮酒赏月,要孙思邈坐在一旁侍宴。县令看到独孤信捋着胡须,喜笑颜开,满心高兴,抬头见银河横空,想起牛郎织女的故事,触景生情,脱口吟道:"织女点灯偷看万人赏月。"

县令吟完,望着孙思邈,向他点了点头,示意要他对下联。孙思邈想了想,一时想不出好对子。正在思索之际,忽听城内鼓楼传来咚咚的更鼓响声，心里一动，便朗声吟道："牛郎击鼓明邀百姓观天。"

这下联不仅对仗工整，而且合仄押韵，独孤信和县令听了，连声叫绝，不禁竖起了大拇指，夸孙思邈是"圣童"。

2. 立志要学医

关于孙思邈到底是如何走上从医之路的，民间有多种传说。

有一种传说，说幼年的孙思邈体弱多病，父母对他这个儿子看得很重。每次生病，父母都要请村里的老医生到家给他看病。多次目睹医生治病的孙思邈，很早就对医术产生了浓厚的兴趣。

孙思邈记得自己第一次生病时，家里请来的老医生细心地为他诊断，然后熬制中药汤让他喝下，没过几天病就好了。这给了孙思邈很大的震撼，原来医生是这样神奇，可以让人从病痛中解脱出来。

从那以后，孙思邈就开始观察医生的诊断方法、用药原则等，还把自己生病时的种种感受记录下来。他决心要学医，不仅是为了治病救人，也是为了治愈自己的病。

还有一种传说，说孙思邈立志学医，与他小时候染上瘟疫的经历有关。

相传幼年之时，孙思邈的故乡一带瘟疫流行，四周近邻有半数以上被病魔夺去了生命。

一天，孙思邈突然发起高烧，卧床不起。当时孙思邈的父亲在外地，只有母亲日夜守候在他的床前。坚强的母亲不忍心眼睁睁地看着唯一的孩子就这样离她而去，她擦干眼泪，跪倒在灶王爷像前苦苦叩头哀求。可是，不管母亲如何哀求许愿，灶王爷也毫不动心。无计可施的母亲眼看儿子活不下来，自己也不想活了。她找来一根麻绳，想悬梁自尽，娘俩一起结束痛苦。

就在这时，突然闯进一位鹤发童颜的郎中，他把一包草药递给孙思邈的母亲，说："就剩下这最后一包救命药了，快拿去熬熬，给孩子灌下，病尚可救！"恰好孙思邈清醒过来，听到这话，他强撑着爬起身，在炕上向郎中叩了个头。

云游的郎中转身离开，母亲立即振作精神架火熬药。很快药就熬好了，母亲急切地把这碗乌黑的救命药给孙思邈端过去。就在孙思邈接过母亲手中的药碗，正要喝下去之时，邻居大婶发疯般扑进来："大嫂，我家英儿快不行了，求你去看看。"孙思邈听到这话，把那碗还未喝下的药往前一端，"大嫂，把这碗药端去给我英弟灌下去，他就有救了！"

"孩子，这怎么能行呢？你不也正病着吗？"大婶流着泪对孙思邈说。"快拿去，要不英弟便没救了。"孙思邈强撑着精神催促道。母亲见状，一面安慰着邻家的大嫂，一面对她说，"大妹子，你就把药端去给英儿喝吧！"说着，她从儿子孙思邈手里接过碗，递给邻家大婶。大婶感动得流泪，她接过孙思邈手中的碗后，从桌子上又拿起一个小碗，倒了一半药，把原来的那碗递给孙思邈，端着那碗药千恩万谢地回家了。

结果，这一碗神奇的汤药救了两个孩子的命，让两家人从病痛中解脱出来。

大医孙思邈

这件事，在年幼的孙思邈心里烙下了深深的印记。他感谢当时那个云游郎中的大爱之心和高超技艺，心想：如果天下多一些郎中、多一些草药，那么瘟疫就不会让这么多人失去生命！就这样，小小的孙思邈想要做一个救命的郎中。他暗暗立下誓愿，希望能给天下受苦的苍生赐药治病。

孙思邈的父母对儿子做出的选择感到非常高兴，也非常支持，可是孙思邈的老师却不以为然。

一天上学之后，老师把孙思邈留下，向孙思邈问道："你是不是想当医生？"

"弟子有这个打算。"孙思邈坚定地回答道。

"你是个懂事明理的聪明人，为什么有这个糊涂的念头，想吃那碗倒霉受苦的饭？"满头银发的老师不停地叹气，"对医生，我是尊重的，没有医生，就会有无数人因病死亡。可是如今的世道，读书人都想谋个一官半职、出人头地，将做医生看作下贱事。当官的瞧不起医生，在他们眼里，医生与算命先生、巫婆、走江湖的是同一类人。"年迈的老师不无惋惜地劝着孙思邈，"做医生，会断送你的锦绣前程啊！"

老师这番话，令孙思邈很受触动。从内心深处，孙思邈一直很尊重老师，也常常听老师的劝告。既然老师对医生这个职业有这样的见解，孙思邈也有些犹豫了。

"是学医，还是不学医？"这个硕大的问号悬在孙思邈的脑海里。

就在这个时候，又有一件事深深触动了孙思邈。

女同学王秀云的母亲走亲戚，不幸被疯狗咬伤了腿，鲜血染湿了棉裤。秀云的父亲王宜德担心妻子患上狂犬病而丢了性命，连忙带她到宝鉴山找一位姓令狐的医生诊治。可这个令狐医生却怀了一颗黑心。他知道王宜德是生意人，而且经济实力不错，便想借此捞一笔钱。

"王先生，请尊夫人坐下，让我看看她的伤，再给她号号脉。"秀云母亲坐在椅子上，小心地卷起裤子，让令狐医生看了看伤，又伸出手臂请他号了号脉。

令狐医生说："王先生，贵夫人的伤势很重，现在急需用重金到京城去买好药品才能有希望。"

"令狐先生，配药需要多少钱？"王宜德焦急地问道。

"你拿出一百两银子，让我骑马到长安城里去给你夫人配名贵药！"

王宜德明知用不了这么多钱，但为了救治爱妻，马上骑马奔回家里，拿出一百两白银，又将自己的马交给令狐医生，恳求道："令狐先生，我就拜托你了，请速去速回！"

其实，这个贪财的令狐医生根本没有把救人的事放在心里。他两天后才返回，根本没有在长安城购药，只是把家里剩下的几包原存的治疗疯狗咬伤的药拿来应付了一下，让秀云母亲回家服用。由于耽误了治疗的最佳时间，秀云母亲的状态一天不如一天，一个多月之后便全身不适，过了两个多月便告别了人世。

秀云母亲去世两天后，孙思邈陪同父母到秀云家安慰秀云父女。秀云家悲伤的场景，孙思邈看在眼里、记在心上。"我要学医，我要做个有良心、有本领的好医生！"孙思邈在心里坚定地告诉自己。

从这之后,他坚定地走上了从医之路。[1]

3. 初拜同南山

民间相传,孙思邈从医时的第一个老师,是他父亲的好友,名叫同南山。

春暖花开,一个风和日丽的上午,孙思邈辞别了父母,翻山越岭,赶到了依山傍水的铜川县城南关,去找父亲的好友同南山先生。同先生为人忠厚、学识渊博、精通中医,在家乡铜川广招学徒,传道授业,普济苍生。

孙思邈走进朱红大门,只见桃红柳绿辉映着堂屋和厢房。在堂屋旁边的书房里,同南山先生见了孙思邈。听说孙思邈想学医,同南山捋着胡须端详着孙思邈,只见他仪容俊逸,举止庄重,真是有其父必有其子!同南山心中十分高兴,对孙思邈格外器重。

同南山让孙思邈随自己学习采药,跟师兄们学习抓药,并安排孙思邈住在他书房旁边一间环境安静的屋子里。孙思邈勤奋好学,药铺里一杆戥子,师兄弟们都抢着用,他总是谦让。

冬去春来,孙思邈跟师父学医,眨眼已两年多,突然发生的一件事,让孙思邈一下子出了名。

这年夏天,漆河岸有个赵大嫂,她儿子在河里洗澡被淹了。

---

[1] 陈中华:《药王故事集》,三秦出版社,2011,第 6 页。

赵大嫂急得哭天号地,来找同南山,但同南山不在家,孩子肚子胀得鼓一样,赵氏哭得死去活来。孙思邈过来摸了摸脉,对赵大嫂安慰道:"你的孩子有救,不要怕,请放心!"她叫人牵了头牛来,抱孩子伏在牛背上,把肚内的水挤出来,然后用双腿压住孩子的腹部,提起双手,慢慢一起一落地活动。约莫一刻工夫,孩子渐渐喘气,睁开了眼睛。孙思邈又开了药方,治好了孩子。

孙思邈能"起死回生"的消息,像刮风一样很快传开了。同南山高兴地夸奖道:"你已青出于蓝而胜于蓝,可以出师了,自己开业去吧!"

孙思邈尽管受到师父的表扬,可以独立开业,但他觉得自己在医学上刚刚入门,知识还很浅薄,决定今后寻访更高明的医学家,继续深造,并采访民间单方充实自己。于是,他辞师返里。

4. 再学玉泉寺

踏进医学殿堂的大门后,孙思邈感觉自己的知识面还是不够广。他日夜渴望能得到名师的指点,尽快提高自己的医疗知识与水平。

相传有一天,孙思邈偶然得知华山玉泉寺的慧海道长医道高明,决定前往拜见他。

农历二月间,阳春降临关中平原。华山北麓,姹紫嫣红,百鸟歌唱。

孙思邈来到古柏参天、奇峰突兀,南可见连绵不断的秦岭,北可望如锦似花平川的西岳华山。山腰的密林丛中有一座大寺院，孙思邈走近一看，门顶金匾上写着"玉泉寺"几个大字，是晋朝大书法家王羲之的手笔。

到了玉泉寺，孙思邈满心欢喜。

作为名师，收学徒是有标准和要求的，慧海道长当然也不例外。见面后，他反复打量着眼前这个年轻人，看到孙思邈眉清目秀、聪明谦逊，心里很是高兴，决定收下他这个学生。在收下孙思邈之前，慧海道长问了孙思邈两个问题。

第一个问题是"为什么要学医"。

孙思邈坚定地答道："我决定学医，就是为了救治千千万万因得不到及时医治而重病缠身的百姓！"听孙思邈这么回答，慧海道长脸上露出了笑容。

第二个问题是："学医是个漫长的过程，要吃很多的苦，有时还有生命危险，你能坚持和忍受吗？"

孙思邈沉着坚定地回答道："我一辈子，除了当大夫，什么都不干，仕途对我来讲不如救治病人有价值。我不会动摇从医的信念，也不怕任何艰难困苦，为了行医，就是舍弃我的生命也值得！"

"好。"慧海道长不禁高兴地叫了一声，走到孙思邈面前，拉着他的手说，"你留下来学习吧！"

孙思邈跟着慧海道长到了偏院病房，慧海道长安排他先在这里打杂。道长认为，要成为大医，必须有扎实的基本功，从最基本的操作练起。在病房打杂，可让孙思邈接触多种病例，间接学到一些治疗和护理的方法。

第二章　走上从医路

打从第一天起,孙思邈侍候病人就很耐心,不论黑天半夜、刮风下雨,他从不离开病人。他处处细心,对每个病人的病情变化都记在心里,甚至连病人每天的食量大小,他都写在本子上。师兄师弟们见了就笑他,说他傻,有福不会享,无事找事做。孙思邈听见也装作没听见,仍照旧行事。

就这样,孙思邈在偏院病房一干就是三年。

在这三年里,孙思邈一边干一边学,从点滴做起,碰到不懂的或不完全明白的,他就向身边的老医生询问,医生解释不清的,他就直接向慧海道长求教,直到完全弄懂为止。

秋后的一天,孙思邈正在侍候病人,慧海道人不声不响地来到他眼前,看他殷勤侍候病人的一举一动。

"孙思邈,三年的时间不算短,我看得出你能吃苦耐劳,对病人很有同情心。孩子,你将来一定会有出息的。"

"多谢师父教导。"孙思邈连忙跪下说。

慧海道长认为,孙思邈具有成为一名好医生的优秀素养,决定让孙思邈进后殿钻研医书药典。[①]

慧海道长带着孙思邈来到内殿,孙思邈抬头一看,顿时怔住了。他简直不敢相信,自己在不经意之间来到了一个医学宝库。四周都是医书,墙面挂满医学图画,左边摆着炼丹炉,右边摆着药橱,孙思邈不禁心花怒放。

"学医好比走路。只能一步一步地走,不能急躁。"看到身旁年轻的孙思邈这么兴奋,老练而睿智的慧海劝告道,"在这

---

① 陈中华:《药王故事集》,三秦出版社,2011,第106页。

里，你要看书有书，要炼丹有炉，要啥有啥，但关键是要有心思！"孙思邈听着老人的话，不停地点头。接着，慧海道长对他说，"你好好看书，自学自炼吧，有不懂的地方再来问我。"说罢，慧海道长离开了内殿，往后院去了。

望着道长离去的背景，孙思邈不觉感慨万千。

有这样一位好老师，又有这么好的学习环境，自己如果不能在医学道路上成就一番事业，真是对不起恩师的教诲啊！

俗话说，"师父引进门，修行在个人"。自到内殿之后，孙思邈给自己定了一些新的目标，比如每天看书学习要在五个时辰之上。孙思邈白天炼丹，晚上刻苦攻读医书，从古籍经方中汲取智慧和营养，从不放松自己。日出日落，冬去春来，转眼之间又是三年。

对孙思邈来说，这六年时光，是他步入医学殿堂最关键、收获最大的六年。如果说前三年是打基础、开眼界，那后三年就是学理论、长本领。在恩师慧海道长的引导和教诲下，孙思邈茁壮成长，逐渐向一代大医进发。

在学习的第五个年头，一个正午，孙思邈回到前院，刚进内殿，突然发现摆在桌面上的几本医书不知怎么被火点着了，火烧得正旺。孙思邈大吃一惊，连忙用湿布扑灭火，可是书已烧焦，拿到手上只剩灰烬。孙思邈既后悔又担忧，后悔自己不小心，让明火靠书籍太近，担忧慧海道长知道之后会批评他，甚至一气之下不再教他！毕竟，这些医书都是慧海道长的心爱之物，现在烧坏了，怎么向他交差呢？

孙思邈打扫完烧残的灰烬，站在书桌前发呆，他一时不知如何是好。可能是心里太着急,他急中生智,心想:我不是背熟了书中的大部分内容吗?为何不把它们默写撰录下来?

想到这里,孙思邈眼中顿时闪现出一束光,一扫他心底深处的懊悔与无奈。

"我就用几个月时间重新默写一本书吧。这样,等师父知道此事,也不至于太责怪我。"想到这里,孙思邈当即摊开纸笔,动手默写起来。

就这样,孙思邈白天炼丹,晚上写医书,写了一个月零七天,终于把这几本烧残的医书默写好了。

这天晚上,孙思邈正在提笔写书名,慧海道人突然走了进来。孙思邈见师父过来,连忙起身让座。慧海开口说:"思邈,把那几本我让你必须记住的医书拿给我看看。"孙思邈一听,心里顿时慌张起来,跪在师父面前说:"学生该死,一不小心,那几本医书被烧毁了……我怕师父怪罪,凭脑子里的记忆,用一个多月的时间,把它们默写下来了,请师父过目检查!"说完,孙思邈把自己默写的书双手递到慧海道长面前。

慧海道长见孙思邈在旁边紧张得坐立不安,哈哈大笑道:"不瞒你了。当时这桌上烧的不是医书,而是几张废纸,原本那些医书还在我这儿。"

孙思邈抬头一看,师父手中捧的正是原本那几本医书。孙思邈惊奇地问道:"师父?这是怎么回事呀?"

"那次失火烧书,是我派人用偷梁换柱之计吓你,为的是试试你的学识,看你是否认真读书了。"

孙思邈恍然大悟。

慧海道人笑着对孙思邈说:"思邈,你已经在我这儿快六年了,本领也学得差不多了,现在你应该下山为黎民百姓治病去!"

孙思邈听了师父之话,连忙跪下来哀求:"弟子本领太差,请师父再留我几年吧。"

"眼下世道乱,瘟疫流行,正是你为天下苍生尽力的时候,我不能再留你了。今后继续向同行高明者多请教即可。"慧海道长告诫孙思邈。

"师父的教导,弟子孙思邈铭记于心!只是弟子缺药,如何给黎民百姓除瘟疫呢?"孙思邈为难地说。

"这不难,草药到处都有,像终南山等地,就能找到好草药。我今天送你四句话:草药到处有,就靠两只手;人人是师父,处处把心留。"慧海道长真诚地说,"你把我这四句话记住,就什么都不缺了。"孙思邈记住师父交代的话,辞别师父和各位师兄师弟,背起药包,走下山去。

5. 历险为求师

相传有一天,孙思邈听人闲谈,说有一位隐士,人称白石道人,住在中条山一带。此人医术高超,甚至有起死回生之力。孙思邈有些心动,想去见识一下这位白石道人。

正巧孙思邈有一位忘年之交——翰林学士张旭升,他的经历促成了此事。

一天晌午，张旭升闲暇无事，到孙思邈的寓所闲聊。谈兴正浓，孙思邈望着张旭升脸上的气色，突然沉默了。张旭升惊问其故，孙思邈为他仔细诊了诊脉息说："你患了消渴之症，现在初发，不易察觉；三个月之后，头痛不眠，尿量增频，谓之上消；六个月之后，饥渴难忍，小便浓稠，谓之中消；一年之后，背发疽疮而死，谓之下消。幸亏现在发现得早，还可以治疗。"于是，孙思邈为张旭升开了一个药方子。

张旭升从孙思邈的寓所告辞出来，大笑不止，心想：人人都说医生善于大惊小怪，故弄玄虚，想不到孙思邈也学会了这一套。我哪里有什么消渴之症！我可不吃他的药，等将来无病时，跟他开个大玩笑。他将药方撕碎，随风撒掉了。可是，三个月后，张旭升明显感到有些头痛失眠，尿量增多；六个月后，病势来得更厉害了，每日饥渴难当，并且小便浓稠。张旭升这才慌了手脚，急忙去拜望孙思邈，孙思邈见状，长叹一声说："病已进入中消阶段，毒已入内，气血全消，非人力所能挽回了，还是早日准备后事吧！"

张旭升栖栖惶惶回到家中，心中十分愁闷，心想：反正六个月后难免一死，倒不如出门去游名山大川，乐得快活半年。况且听说五台山有一白石道人，医术绝妙，有起死回生之力，只是不肯轻易给人看病，我顺便去拜访他，或许可以得救。于是他向朝廷请了病假，回家变卖了田产，独自往五台山去了。

一年之后，张旭升回到家里，前去拜见孙思邈。孙思邈见张旭升不仅照样活着，而且气色极好，脉息和平，甚至还显得年轻了许多，不由得大吃一惊，说道："旭升兄，你一定遇到不凡的神人了！"张旭升把这一年中自己如何到了五台山，白石道人如何给自己治病的事，原原本本地给孙思邈讲了。孙思邈听完感叹说："真是人外有人，我差得太远了！"

孙思邈决心去见白石道人。他把自己的想法告诉了朋友郭德威和校应祥，这两人也是医生，也想见见白石道人，于是，三人一起到佛祖前焚香发誓：找不到白石道人，绝不返回。

很快，孙思邈一行三人走上了寻找、拜访白石道人的道路。

去五台山的道路艰难而坎坷。一方面，路途大多是崎岖山路及羊肠小道，更要命的是不知道具体方位，只有个大致方向，他们三人经常走冤枉路；另一方面，此时正值仲秋，天气变化莫测，时而风，时而雨。三人此行可谓风餐露宿、风雨兼程，身上的衣服也少，夜里常常冻醒。

走到第四天，他们三人来到奉先县（今陕西蒲城）东南河边的一个村子。孙思邈和校应祥两人坐在草地上，等待后面的郭德威，却左等右等不见郭德威的人影。二人决定返回去，到经过的村庄打听。正好碰到一位老人，老人说，天快黑时，有一个30多岁郎中模样的人绕过村东，顺着干枯的河道向西去了。听老人这么一讲，校应祥不禁"啊"了一声，瞪大了眼，孙思邈却深沉地摆摆手，示意不让他当着老人的面多说。

这天夜里，孙思邈无法入睡，一旁的校应祥也辗转反侧，难以入眠。他突然问了孙思邈一句："唉，这个郭德威怎么将咱们的银两背着跑了。这可怎么办？！"孙思邈放下手中的书，哈哈一笑说："不必忧愁，世上贪财的人岂止郭德威一个！他只是拿走了银两，并没有背走咱们去中条山的路嘛。"

第二章 走上从医路

就这样,孙思邈和校应祥两人沿途行医,继续赶路。

又过了五天,到第六天下午,他俩来到了古潼关渡口。站在黄河渡口,孙思邈顿觉天高地阔:平视眼前,是一泻千里、奔腾咆哮的黄河;仰望天空,黑云翻滚,北风劲吹。孙思邈内心如黄河一样澎湃激荡。

而此时的校应祥,面对黄河的大浪,吓得站不稳,双腿不停地打哆嗦,面如土色。孙思邈看他惊恐的样子,忍不住笑了起来。"你、你看这黄河过得去吗?咱们还是回去吧,可不能在这黄河上送死呀!"校应祥慌张地说。

"不必惊怕,古往今来,人们都是从这里渡过黄河的。"孙思邈安慰道。

"我、我可死也不敢过这黄河啊……"校应祥说。

"既然你不敢东渡黄河,那就回去吧。这里还有几件衣物、几两纹银,你收拾好做盘缠吧。"孙思邈叫住校应祥说。校应祥说什么也不收:"我、我对不住你,我胆小怕死,成不了大事,你、你一个人去找白石老人吧!"说完,校应祥羞愧地离开了黄河岸边……

三个人最终只剩孙思邈一个人。孙思邈历尽千难万险,终于在中条山的深山幽谷里找到了白石道人。

孙思邈向白石道人讲述了自己投师的原因,以及一路上的风雨坎坷。白石道人听后很受感动。他紧紧地盯着眼前的孙思邈,这个英俊挺拔的年轻人让他眼前一亮。

经过简单的聊天,白石道人认为孙思邈定能成为为天下苍生消除病痛的良医。但白石道人觉得自己这里的环境和条件太差,加之孙思邈已学医多年，基础扎实，可谓精通医术，自己恐怕教不好他。于是，白石道人真诚地对孙思邈说："你的医道不浅，而且才学出众，让我教你，贫道实不敢当啊！"

孙思邈再三恳求，诚恳地对白石道人说："弟子千里而来，难道真不肯收留吗？我的医术非常有限，想学的东西太多，求您收下我啊！"白石道人只好收了这个徒弟。

就这样，白天，师徒二人进山采药；夜晚，在茅棚谈医论术、谈古论今。直到这时，孙思邈才知道白石道人本姓张，原是宫中太医，因看不惯当时宫廷中的风波，冒死逃出皇宫，躲进深山，过着清贫的隐居生活。

时光流逝，春去秋来，和白石道人在一起，孙思邈学到了很多。

一天，白石道人走到孙思邈身边对他说："附近有我一位造诣很深的医友，叫孟陶然，他是很受百姓尊敬的名医，却患了忧郁症，谁也治不好他的病，请你给他治治！"孙思邈答应可以去试试看。

原来，孟陶然90岁了，没有子女。他整天发愁后继无人，饭吃不下，觉睡不着，慢慢忧虑成病。当地的医生给他看病，谁也看不好。

孙思邈在白石道人的陪同下，来到孟陶然家，切了脉，望了他的气色和舌苔，开了个处方：五谷杂粮面各一斤，团成蛋，在外边涂上朱砂，一顿吃完。孟陶然一看这个药方，就知道根本没有用，甚至还有毒性，不觉好笑。他命令家人按处方做出药丸，挂在屋檐下，逢人就指着这些药丸把孙思邈奚落一番。

由于一心想着这件事可笑，孟陶然把自己忧心的事全抛在了脑后，不知不觉病就好了。这时，孙思邈来拜访他，说："恭喜，先生的病好了！学生斗胆在鲁班门前耍斧了。"孟陶然一听，恍然大悟，这才明白孙思邈使用的是心理疗法，心里既佩服又惭愧。

孙思邈接着说："孟先生，我们做医生，是为了给百姓造福。先生虽无子女，但年轻的医生不都是您的子女吗？何愁后继无人？"孟陶然听了，觉得很有道理，内心十分感动，从此把自己的医术全部传授给了孙思邈和其他年轻的医生。

光阴荏苒，不觉又是数载。一天，白石道人对孙思邈说："今日新皇登基，天下也该平安几年了，你回乡行医吧，我也要下山去散心，不用多牵挂。"

孙思邈挥泪拜别白石道人，回到家乡。

6.母亲的鼓励

孙思邈医术为何进步这么快？据说还有个重要的原因，就是他的母亲十分支持他。

相传，孙思邈人生中的第一张药方，就是给母亲雷氏开的。

孙思邈之母雷氏从小协助大人操持家务，聪明伶俐。嫁来孙家后，开头日子尚可，后来却越过越窘迫。为维持家庭生计，她每日劳作不息，月子里也忙个不停，因而落下痼疾，久治不愈。

孙思邈小时候，有一天，母亲突然头疼欲裂，全身发冷，直流鼻涕，她又不肯休息，结果劳累过度，眼前发黑，栽倒在地。孙思邈的弟妹慌作一团，大声呼唤："娘，您醒醒……"孙思邈正在另一间屋子读书，忙扔下书本，奔向母亲。

母亲雷氏不一会儿苏醒过来，深情地看着孩子们，勉强支撑一会儿，又昏了过去。

见母亲处在昏迷中，孙思邈提出去请医生。然而跑了一趟，却没找到医生。

回家时，孙母已醒过来，只是显得十分虚弱。她一一抚摸着孩子们瘦小的身子，安抚他们。

孙思邈见到母亲的病态，不由得叹道："娘，我要是能治病就好了。"雷氏把儿子拉到跟前鼓励道："孩子，你之前看了不少医书，找不到医生，你就拿娘这病当作试手机会吧。"

"不，不，我可不敢。"孙思邈吓得连连后退。

"那是为啥？"

"因为您是我娘。"

"若换了别人呢？"母亲注视着眼前的儿子。

"那我就敢。"孙思邈答道。

母亲深叹一口气，抚摸着儿子的头："孩子，给人治病，可不能分自家人别家人。把病人都看作你的亲人，这才对啊。"

孙思邈听了，不停地点着头。

雷氏一贯赞成儿子学医。她明白医生给人治病下药，总有个头一回，与其让儿子在别人身上试手，不如由自己担着。

孙思邈明白了母亲的苦心，甚是感动，思虑再三，决定一试。孙思邈跪在母亲面前号脉、看舌苔，问母亲的感受，对照书本，开出了自己从医的第一张药方。那是一个治伤寒低热的方子，名叫"麻黄桂枝汤"。

为了保险，细心的孙思邈特意把药的剂量减到最小。汤药熬好，孙思邈端着药碗，先往自己嘴里送："娘，这药我怕有毒，我得先尝。"

"你没病，吃啥药。"母亲伸手要过药碗，慢慢把药喝了个干净，然后将药碗一放，抹一抹嘴唇，高兴道，"有你这份孝心，娘什么病痛也没有啦。"

之后，母亲突然呕吐起来，吓得孙思邈脸色惨白、全身发抖。好在吐过之后，母亲精神好多了。

孙思邈后来分析，母亲可能是体内寒气郁结，无以排遣，这一呕吐，总算将寒气带出来了。体内有寒者，呕吐不是坏事，自己开药的思路没错。

自此以后，雷氏若有个头痛脑热，常常要儿子想办法医治。这样的次数多了，孙思邈有了一些经验，医术渐得提高。孙思邈受到鼓舞，对医药兴趣愈浓。

行医近百年后，孙思邈总结从医体会，特别强调治病不分亲疏，要视患者如亲人。他将切身体验付诸文字，告诫后人："若有疾厄来求救者，不得问其贵贱贫富，长幼妍蚩，怨亲善友，华夷愚智，普同一等，皆如至亲之想。"

7.良友的切磋

孙思邈医学思想与技术的日趋成熟，与友人的启发也有较大关系。正如俗语所说，"近朱者赤，近墨者黑"，孙思邈的友人之中，名僧道宣及名医甄权、甄立言兄弟俩对其医术影响较大。

唐朝初年，孙思邈来到终南山，过着半隐居的生活，并在这里和南山律宗的创始人道宣律师交上了朋友。他们是忘年之交，两人年龄相差55岁，友情深厚。

孙思邈与道宣朝夕相处，谈经论佛，结下了深厚的友谊。道宣本人精于医术，相传天王补心丹就是他创制的药品。

与道宣的交流切磋，对孙思邈后来的医学思想和医学实践都产生了一定影响。孙思邈通过道宣，学到了印度医学中的许多知识。

有趣的是，孙思邈和道宣结交这件事，后来演变为一个神话故事。唐朝后期，小说家段成式在《酉阳杂俎》一书中记载了这个故事：

孙思邈尝隐终南山，与宣律和尚相接，每来往互参宗旨。时大旱，西域僧请于昆明池①结坛祈雨，诏有司备香灯，凡七日，缩水数尺。忽有老人夜诣宣律和尚求救，曰："弟子昆明池龙也，无雨久，匪由弟子。胡僧利弟子脑，将为药，欺天子言祈雨，命在旦夕，乞和尚法力加护。"宣公辞曰："贫道持律而已，可求孙先生。"老人因至思邈石室求救。思邈谓曰："我知昆明龙宫有仙方三十首，若能示予，予将救汝。"老人曰："此方上帝不许妄传，今急矣，固无所吝。"有顷，捧方而至。孙曰："尔第还，无虑胡僧也。"自是池水忽涨，数日溢岸，胡僧羞恚而死。

故事中说的"思邈石室"，就是青华山上的药王洞。

之后，道宣先于孙思邈被召进京，一度主持长安西明寺。玄奘法师从天竺归来后，道宣奉旨参加玄奘译场（专门翻译佛经的机构），参与玄奘法师翻译梵文佛经的工作，负责润文部分。而孙思邈在贞观元年（627）进京，居于长安，这样一来，两人又在京师相聚。两人一为高僧，一为大医，相互切磋、相互启发。

道宣有许多门徒，著名的有文纲、名恪、弘景、道岸、周秀、大慈、智仁等，孙思邈与他们也有交往。其中，弘景将道宣和孙思邈的一些验方传给了鉴真和尚，鉴真东渡时将之带入日本。

名医甄权、甄立言兄弟俩对孙思邈医学技术的提高也影响很大。

---

① 昆明池，旧址在今西安市长安区斗门镇一带。这里在西汉时期属于皇家上林苑范围内。公元前120年，汉武帝为训练水军，开凿了这个周长40里的人工湖。池水是引秦岭南麓诸水汇聚而成。昆明池在唐代基本上保持原来的面貌，但已不属皇家禁苑。宋以后湮为农田。

大医孙思邈

甄权，是许州扶沟县人。年轻时，他母亲患了重病。为了给母亲治病，甄权和弟弟甄立言全力钻研医学，从而成为著名的医生。隋文帝开皇初年，甄权曾任秘书省正字，后来以有病为借口辞职。隋朝时，鲁州刺史库狄钦因患风痹病，手不能拉弓。虽经许多医生治疗，却没有康复。甄权为他检查后说："但将弓箭向垛，一针可以射矣。"库狄钦按照他的吩咐执弓搭箭面向箭垛。甄权只在其肩髃穴扎了一针，库狄钦便能拉弓了。

后来，孙思邈在编写《备急千金要方》时，记下了甄权这次诊病的过程："库狄钦患偏风，不得挽弓。针肩髃一穴，即得挽弓。甄权所行。"

古代称人体经脉孔穴图为"明堂图"或"明堂孔穴图"。唐初，旧有的明堂孔穴图在不断传抄中出现了谬误，依据其选择穴位，往往贻误病情。甄权经过刻苦努力，编绘了一份新的《明堂人形图》。

唐高祖武德年间，李世民平定河南时，命李袭誉"出镇潞州"。当时一些医生被朝廷聘为"征士"，临时随军，甄权为其中之一。甄权将其《明堂人形图》交给李袭誉阅读，李袭誉当时并没有认识到其重大价值。适逢深州刺史成君绰患了重病，脖子忽然肿得有升子[①]般粗，喉咙中闭塞，呼吸困难，无法饮食，三天三夜粒米未进，生命危在旦夕。李袭誉得知后，请甄权救治。甄权仔细查看了症状，在成君绰右手食指上的一个穴位扎了一针。过了不长一段时间，病人的呼吸就逐渐畅通，第二天便能正

---

① 量具，木制，形状像梯形，有20多厘米深，用来盛米、面。

常饮食。在场的人无不为甄权神奇的医技而叹服。甄权的名声从此大振,人们开始传抄他的《明堂人形图》。孙思邈在《千金翼方》中将此事记下来。后来,孙思邈还参与了朝廷组织的修订《明堂人形图》的工作。

孙思邈对甄权的《明堂人形图》评价很高。当时,他以甄权等人的图为蓝本,经过考订、修改,编绘了三幅彩色针灸挂图,分别把人体正面、背面和侧面的十二条经脉用青、黄、红、白、黑五色绘出,并以绿色绘制奇经八脉,大小为常人的一半。这是我国医学史上绘制最早的彩色经穴图,为宋代铸造针灸铜人、刻制针灸腧穴碑奠定了基础。可惜该图今已散佚不存。

孙思邈在晚年编写《千金翼方》时又写道:"今所述针灸孔穴,一依甄公《明堂图》为定,学者可细详之。"甄权的原作今天已经失传,依靠孙思邈的著作保留下来部分内容,成为研究医学史的珍贵资料,这是孙思邈的贡献。

甄立言是甄权的弟弟,唐高祖武德年间任太常丞。贞观年间,御史大夫杜淹患风毒发肿,唐太宗命甄立言去医治。甄立言查看过病情后,对唐太宗说:"杜淹已经病入骨髓,无法医治。十一天后的午时,他准会死去。"后来果如其言。

甄权和甄立言兄弟是唐太宗朝的医药圣手,孙思邈对他们十分崇敬。孙思邈常拜访甄氏兄弟,与他们讨论岐黄之道。甄氏兄弟对孙思邈淡泊名利、珍惜人命、师古不拘、屡有创新的行为倍加赞赏。据传,甄氏兄弟将他们的著作《针方》《明堂人形图》《古今验方录》赠给了孙思邈,鼓励他整理编撰医药学新著,令孙思邈非常感动。

与这些素养高的朋友交往，孙思邈学到了许多医学知识。

8.化装香山庙

常言道："百人生百病。"即使是最高明的医生，也会遇到自己束手无策的病症。孙思邈同样遇到过不少束手无策的难症。

相传有一年夏天，一个中年男子带着一个病孩子慕名远道来到华原县求医。

孙思邈一望病孩子，只见他通身肤色发红，问了一下病情，闭目沉思了一会儿，叹了口气，对那个中年男子说："你这个孩子的病是由热症引起的，已经到了难以起死回生的地步，就是今年治好了，明年天热时必定再发，那时我就无能为力了。"

这个中年男子是个可怜的人，妻子早死，只剩这一根独苗，听了孙思邈的话，如晴天霹雳。他带着孩子往回走，一边走一边哭。走着走着，迎面来了一个老和尚，老和尚看到此人伤心痛哭，问明原因，对他说："你把孩子送到香山庙里去，明年夏天一过，你再来领孩子就是了。"这个中年男子想不到半路上遇到一个救星，千恩万谢，把孩子送到香山庙内，交给老和尚。

到第二年夏天，老和尚在寺庙里阴凉地方挖了一口小塘，灌了一塘泉水，又在塘中间放了一张竹床，让那孩子在竹床上坐了吃，吃了玩，玩了睡，就是不让他到外面来。外面是酷暑，孩子感到的仍是二、四、八月的天气，热症也就没发作，再加上老和尚下了几副草药，他的热症竟绝根了。当年夏天过后，那中年男子来领孩子，见儿子已是欢蹦乱跳，高兴得不知说什么好。

那中年男子谢过老和尚，领着儿子往回家的路上走，恰好碰到了孙思邈。孙思邈大吃一惊：又过了一个夏天，这孩子怎么还平安无事呢？当他从中年男子口中晓得香山庙里有一个医术高明的老和尚时，心里一亮：这老和尚用的是什么药把这孩子的病治好了？我为何不去拜他为师呢？可是一打听，这老和尚性情孤僻，从不带徒弟。

一连几天，孙思邈吃饭不甜，睡觉不香，苦苦寻思着见老和尚的办法。

之后，孙思邈打听到老和尚爱才，喜欢读书人，于是装扮成秀才模样，来到香山庙里，假装想找个安静地方借住读书。

孙思邈找到了那个老和尚，寒暄之后，便开口向老和尚借了一间僻静小屋，复习四书五经。老和尚自己有学问，也爱那些刻苦做学问的人，就满口应承。住了半个月，老和尚见孙思邈衣着寒酸、生活贫苦，就叫他誊了一些经文和医案，每回打发他一点钱财。过了两三个月，孙思邈向老和尚提出学医的事，老和尚见他待人谦逊、做事认真，就破例答应了他的请求。

一晃就是一年。一天，老和尚出远门未归，正碰着一个病人前来求医。这个病人的情况很危急，孙思邈看到病人已到生命垂危之时，就给病人开了一个药方，说是先给病人救急，过些时候再来找他的师父。这个药方开得怪，竟是"生砒三钱，服后，再服巴豆一粒"。

病人拿着药方往回走，半路上正碰着老和尚归来，病人连忙把求医看病的事对老和尚说了一遍，并把孙思邈开的药方递给老和尚看。老和尚看到"生砒三钱"时，惊讶得倒退三步，连忙找了两块石头当凳子，在路旁树荫下仔细看起病来，看完病后，他的脸上渐渐现出了笑容，最后在"生砒三钱"后面加了个"一"字，变成了"生砒三钱一"，交给了病人。

老和尚回到庙里后，左思右想，觉得他这个徒弟不是一般人，像这样的病，能开出"生砒三钱"的药方来，除自己以外，只有华原县的孙思邈。他越看越觉得这个徒弟就是孙思邈。

一天午后，老和尚故意站在徒弟身后，冷不防喊了一声："孙思邈！"

孙思邈听到师父叫自己的真实姓名，知道瞒不住了，双腿一跪，叫了声："师父，徒弟得罪了！"

老和尚见他果真是孙思邈，又惊又喜，赶紧上前扶起了他。

"你医术精湛，已负盛名。"老和尚诧异地问，"为何还要求师于我？"

孙思邈将自己给得热症的孩子治病的经过告诉了师父，说："思邈为深究医学，愿拜能者为师。一年来蒙师父指教，深得教益。"

"那你为何隐姓埋名，装扮成一个穷秀才？"

"唯恐师父推辞，才不得已欺骗了师父。"

这样一问一答，加上孙思邈平时谦逊谨慎，老和尚被他的诚心感动了，把自己看家的本事全都传给了孙思邈。

9. "怪病"也能治

相传有一天中午，邻村一位中年男人来找孙思邈看病。此人后脑勺上长了一个疔疮。"头上的疔疮好治。"孙思邈对中年人说，"只是腿上的疔疮不好治。我今天给你治好头疮，明日毒转到腿上，那我就治不了啦。"

这个病人只想头上的疔疮能马上治好，不在乎以后的事。孙思邈见他治病心切，就给了他两剂汤药。不多时，那人的头疮果然好了，又过了不久，那人的左腿上真的长了疔疮，痛苦得叫苦连天，坐也不是，睡也不是。他又跑来找孙思邈。"现在不好治啦，要治就得把这条腿截断才行。"孙思邈束手无策，无可奈何地对这个病人说。

一听孙思邈这话，病人一下子吓呆了。他想："我还年轻，怎么突然变成残疾了呢？现在一家五口全靠我一个人供养，少了一条腿，我怎么去干活呀？今后的日子要怎么过呀？"

病人在回家的路上，想到自己截了一条腿后一家人的生活，不禁边走边哭起来。迎面碰上了一位乡村老医生，老医生问他，"你哭什么？"

"我的腿上生了疔疮，没法治了，医生说要截肢。"

"哪个医生给你看的病？"老医生瞧了瞧他的疔疮，问道。

"就是那个挺有名的年轻医生，叫孙思邈。"这位病人把孙思邈的话一五一十地说了出来，老医生听后哈哈大笑，"不要紧，不要紧，你这腿不用截断，只是今后腿上会留一个疤。"病人听了这话，连忙跪下来向医生求药。老医生给了他几包药，让他回家敷上。过了几天，那人的疔疮果然痊愈了，腿上只留了个疤。

一天，这个病人挑了一担豆腐，在路上碰见了孙思邈。"你的腿怎么好了？"孙思邈惊奇地问道。

"我在路上遇到了一个老医生，吃了他给的药就治好了。"病人回答道。

孙思邈随即问他："是谁给你看的呀？"

"是东乡郭家村的郭老先生给我看的。"

孙思邈记住了这位老医生的姓名和地址，急忙赶过去拜访。

"老先生，你用什么方子把那卖豆腐的人腿上的疔疮治好了？"孙思邈诚恳地请教道，"恳请老先生赐教。"

"我其实根本没有什么妙方，用的就是你给他治头疮的那几味药。"老医生笑着告诉孙思邈。

"为什么他的腿没有断呢？"孙思邈奇怪地问道。

"年轻人啊。"老医生诚恳地说，"你可知道治病须先治心的道理？"

孙思邈一时没有回答。

"我告诉你吧，一个人只要得了病，心里怕的不是残疾就是死亡。这个中年人先是头上有疮，听说治好了以后会转到腿上，他就会时时刻刻想着腿什么时候开始疼。假如我们告诉他这腿没法治，要截断，他就会老想着他不能动，心中无形中增加了一层痛苦。病人最忌忧患，久虑伤脾，脾枯则人亡。因此，医生就是知道病人的腿要截断，一开始也要安慰好病人，让他往好处想，这样治起来容易见效，这就叫治病先治心。我们常说'安定病人心，疾病去七分'，就是这个道理。"老医生一口气讲了许多。

"谢谢老先生指教！"孙思邈听完老医生一番话，心里十分佩服，"我愿拜您老人家为师。"

从此以后，孙思邈遇到险症，一开始总会好好考虑，不再轻易告诉病人，反而尽量安慰病人，使病人安心配合治疗，如此好得更快一些。

孙思邈治愈"怪病"的传说，在民间流传的有很多。

传说，在渭河北面的一个小村庄，有一个名叫刘慌慌的小伙子。这个孩子成天慌里慌张，而且很懒，因为懒，日子过得很穷，加上他又很馋，更是生计维艰了。

有一天，刘慌慌听说镇上来了一个神医，名叫孙思邈，就跑去找他看病。

孙思邈看了看面前的刘慌慌，见他面黄而体胖，便问他，"你找我给你医什么病啊？"刘慌慌说："我人懒，而且嘴上馋，导致日子过得穷，求求你给我治治懒病。"孙思邈一听便笑了。他心想：这孩子还挺老实，说话实诚，只要听话，完全可以挽救过来。

孙思邈想，要治他爱吃的毛病，还得从吃开始，于是问道："你爱吃大枣吗？"

"大枣又香又甜，怎么不爱吃呢？"刘慌慌回答。

"那你从明天开始吃五斤大枣，每天吃半斤，只准吃生的，不准吃煮熟的。吃完枣后，还得把枣核都种在你家的后院，每天浇水，等到枣树结下新的枣子，你再到华原县磐玉山来找我，我给你开药方。"孙思邈交代完了，刘慌慌记在心里。

在回家的路上，刘慌慌专门到市场买了五斤鲜枣，每天生吃半斤，十天刚好吃完五斤。他按照孙思邈所交代的，把枣核都扫起来，种在后院里，每天浇一点水。不久，枣核变成了枣树苗，后来又慢慢长大，成了枣树，到冬天结了很多红枣。由于刘慌慌每天照顾枣树，慢慢变得勤快起来了。到了秋天，他认为孙思邈真有两下子，没开方就把自己的懒病给治好了，为了感谢孙思邈的恩情，刘慌慌带着收获的枣子去磐玉山找孙思邈。

孙思邈正在门前碾药，远远看到刘慌慌很精神地走过来。他想，这个小伙子的懒病应该是治好了。见刘慌慌要送他红枣，孙思邈哈哈大笑说："你送我红枣，我不收。你要谢我，就回家去，把这些枣便宜卖了。"刘慌慌把孙思邈的话记在心里。

刘慌慌回到家里不久，就有人来买大枣。之后，刘慌慌每天都收到不少铜钱，不到半年，就由穷汉变成了富汉。到了这年年底，刘慌慌又一次去拜见孙思邈。

"你真是神医啊！你治好了我的懒病，现在我日子好过多了。但我的馋病还没有治好，这次来，想请你再给我开个治馋的药方。"见到孙思邈，刘慌慌高兴地说。

孙思邈听后又哈哈一笑："小伙子，馋病好治，不用开药方。如今你变勤快了，又富起来了，有了钱不吃不用，要它干啥？不过，要细水长流，勤俭持家，日子才能越过越兴旺，饮食有度，也就没什么病了。"

孙思邈一番话，一下子把刘慌慌心里的疙瘩解开了。他回家后照孙思邈所言，辛勤劳作、经营生活，日子果然越过越好。

10.改名当学徒

相传，孙思邈在长安时，工作环境和条件都不错，但他总感觉自己的医术还有待提高，还有不少病自己看不准、看不好。他感到，如果能再找上几个名师指点，那就再好不过了。

有一次唐太宗患病，太医们束手无策，唐太宗传旨召孙思邈进宫。孙思邈为唐太宗诊了脉，开了药方，一剂下去，不见起色，又服一剂，仍不见效。唐太宗没有责怪他，让他先回家去。孙思邈心里很不痛快，行走了半天，来到一座山下，见有房屋，决定向主人讨口水喝。这户山民只有姐妹俩，以卖药材为生。

姐妹俩对孙思邈这位客人很热情，姐姐用黄色的花为他冲了一碗金花茶，妹妹用白色的花为他冲了一碗银花茶。孙思邈每样茶喝了一口，觉得味甘清淡，止渴清热，就说："这两种花都可以入药吧。"姐妹二人听罢笑了起来。姐姐解释说："这两种花其实是同一种植物，刚开时是白色，盛开时变黄色，叫金银花。我们姐妹俩是做药材生意的，对这个可比你熟悉。说起来，现在药材生意不好做，前些日子我们进城，因为皇帝生病，太监到处买药材，却只给商贩一点钱，我们都不再拿好药材进城卖了。"

孙思邈听罢，恍然大悟，原来自己的方子不起效，是因为皇宫买到的药材质量不行。他当下亮明了自己的身份，拜姐妹俩为师，跟她们学习采药、制药，了解各种药性。之后，他采了些新鲜药回宫，还真见效，一剂就把唐太宗的病治好了。

没过几年，孙思邈听说德仁堂是长安城最有名的药铺，又改名赵学仁，到药铺里当学徒。

德仁堂的坐堂医生年过花甲，叫高金山，在长安颇有名望。孙思邈学到了高金山的一些医术和经验，也发现了他的一些不足之处。比如，高金山有个毛病，那就是清高，总以为自己医术高明，固执己见。

寒冬的一天，一位裘衣高帽的管家走进德仁堂药铺，声称他家小姐得了绞肠痧，危在旦夕，请坐堂医生立即出诊，大轿在门前候着。

名医高金山让管家坐下，详细地问了问他家小姐的病情，考虑片刻，便提笔开了个药方，递给孙思邈，让他照方抓药。

孙思邈看了看药方，感觉不太合理，尤其是在药量上。于是，他壮着胆子说："高先生，从管家讲述的小姐病情来看，病人肠里有大绦虫，先生处方中开的砒霜只有两钱，不足以致虫于死地。"

"放肆！"高金山拍了一下柜台板，狠狠地吼道，"住嘴！我行医售药数十载，吃的盐比你吃的粮都多，过的桥比你走的路还长，岂要你多嘴。快照方抓药，不必多事。"

孙思邈见高金山不听劝告，就打算在称药时，偷偷地按照小姐的病情加大砒霜分量。谁知高金山瞪大一双老眼，像防贼一样紧紧盯着他手中的药戥子。孙思邈万般无奈，只好照方抓好药递给他。

高金山跟着管家走向门外，沾沾自喜地迈着八字步钻进了轿内。"高先生！"孙思邈在他后面说，"您这次出诊，是乘轿而去，驾舟而归。"高金山一时没听懂，还以为说的是一路顺风、大功告成之类的吉祥话呢。

那富贵人家的小姐服了高医生的汤药，病果然好了许多，肚子不疼了，能坐起身来喊爸唤妈了。家中人顿时高兴得笑逐颜开。主人命家人张灯结彩，大摆筵席，为小姐病愈庆贺，为神医高先生接风洗尘。

主人举杯劝酒，高金山正要端起酒杯喝酒时，屋内突然传来尖脆的女人叫声："不好了！不好了！"一位丫鬟披头散发地从后堂奔出来，焦急地喊道："小姐又昏死过去了！小姐又昏死过去了！……"员外大惊失色，摔碎手中的酒杯，狠狠地瞪了高金山一眼，一甩袍袖，跑到后堂去了。

宾客们一哄而散，空荡荡的客厅只剩下"神医"高金山呆若木鸡地站在那里，不知如何是好。他反应过来后，想道："得赶快走！快离开这里！"他趁主人一家慌乱之际，急忙逃离这家的大门。

高金山狼狈地回到药铺时，孙思邈正在灯下整理医案。高金山一进门就急忙问道："赵相公！你怎么知道我方子上的砒霜分量不足？""从管家介绍的病情中，可以知道病人肚肠内的虫很大。"孙思邈扶着高医生坐下说，"但先生药方上的剂量，仅能毒昏虫子一时，不能致虫于死地。待虫子苏醒过来，又要大闹肚肠。病人服了先生的药，看似病愈，却只是一时罢了！"高金山又问道："今天我临出门时，你曾说过句话，我没听清……"

"我说先生'乘轿而去，驾舟而归'。"

"此话怎讲?"高金山不解地问。

"先生去的时候,是名医出诊,乘着四抬大轿——乃乘轿而去也;回来的时候,是划着一叶单桨(顶门棍)而归——不是驾舟而归吗?"

高金山羞得满脸通红,心想:这位赵相公医术高深,料事如神,绝不是等闲之辈,一定有来历。

"我自幼学医,行医四十余载。"高金山说,"千想万想,在当世名医中,除了华原县孙思邈的医道在我之上,其他人没有能与我抗衡者。赵相公,不,先生,您究竟是什么人?"

孙思邈想,自己倘若再隐瞒下去,对高金山就太不礼貌了,便说:"实不相瞒,在下就是华原县的孙思邈。"

"罪过,罪过!先生真人不露相,在下有眼无珠,不识泰山,多有冒犯!请先生即刻上座赐教!在下甘愿为先生磨墨抓药,做个弟子。"高金山说着就站起来推孙思邈上座。

孙思邈再三谦让,高金山硬是不依,孙思邈无奈,只好在上座坐下,这下师徒易位,年轻的孙思邈成了先生,年迈的高金山反而甘心成为弟子了。

不一会儿,管家急得满头大汗地跑来说:"高先生,请您赶快再去一趟,我家小姐疼得更厉害了!"

孙思邈对高金山如此这般地耳语了一番,高金山频频点头,急忙乘轿而去。这时,小姐正肚子疼得在地上打滚。高金山又进行了诊断,确认是没被毒死的一条大虫子在作怪。只见他不慌不忙,取出银针,把病人衣服扒开,摸准部位,向虫窝穴刺了进去。

这一刺可把人吓坏了。只听小姐怪叫了一声，昏了过去，高金山望着周围人惊慌的神色，笑呵呵地说："别怕，别怕，刺中了虫头，它还要挣扎几下，过一会儿就好了！"果然，小姐呻吟两声，醒了过来。

高金山按照孙思邈的叮咛，又开了一粒巴豆泻药，叫病人吃下。片刻，一条尺把长的大绦虫被排泄出来，小姐的病完全好了。她们全家高兴得眉开眼笑，大摆筵席庆贺小姐病愈，款待高金山，并重金酬谢，送他乘轿回去。

高金山从心里感佩孙思邈教给他的治疗方法，孙思邈不仅挽救了这家小姐的生命，也成全了他的声誉。

11. "奇方"泯恩仇

相传隋朝时，孙思邈在家乡孙原村行医，人们纷纷把自己有病的亲属送来请他诊治。每天他家的四合院和屋子里都挤满人，有许多人把子弟送来，要求拜他为师，给他做学徒。面对络绎不绝送来的病人，孙思邈总是认真治疗，穷人治病，他分文不收，有些买不起药的，他还赠钱买药。他从送来的子弟中，选了几个刻苦用功的学生做徒弟。

到孙思邈家中看病的人，有些是从很远的地方赶来，孙思邈家不大，到夜间，这些人居住困难，因此孙思邈想多建几间屋。此外，孙思邈很想开个药铺，但要开一个大药铺，就得购买房屋，置办家具、货物，聘请抓药店员，需要一笔资金。这笔钱从何处来？

孙思邈正在为筹款焦急，突然，北周宣帝的皇后杨丽华派遣内侍给他送来黄金千两、彩缎千匹，请他去长安城为她的母亲独孤氏治病。

治病回来后，孙思邈用这笔钱托人在华原县城买了五间宽大的房子，置办了家具、药材等，开了一个大药铺，取名"济民堂"。济民堂的膏、丸、丹、散采用的药材新鲜，依法炮制，从不偷工减料，又有孙思邈和他的高徒坐堂，生意兴隆。

华原县南街有个老药铺慈仁堂，里面有位年逾六旬的坐堂名医，名叫杨松鹤，很看不起年轻的孙思邈。他认为孙思邈治好一些病，只是瞎猫逮住了死老鼠，撞了运气而已。

眼看着孙思邈的药铺越开越红火，自己的药铺越来越受冷落，杨松鹤嫉恨孙思邈，两个人碰了面，孙思邈跟他打招呼他都不搭理。就为讨厌孙思邈，他吃饭不香，睡觉不安，竟气病了。

杨松鹤气病在床，吃啥药都不管用，病越来越重。他儿子跑着到处给他请名医，每次一个医生来给他看病，总免不了要问他的药铺生意如何，只要一提到他的生意，就触及他的气处。方圆几百里，包括长安城里的名医都请遍了，他的病反而越来越厉害了。他儿子万般无奈，只好和他商量说："远近的名医都请遍了，您的病还是不见轻。我看，还是将北街的孙大夫叫来给您看看吧！"

"我的病就是被他气出来的。"杨松鹤发火说，"请他给我看病，是嫌我死得慢啊！"

儿子恳求道："把孙大夫叫来试试吧。要是孙大夫他也看不好，我就当面挖苦他一顿，给您出出气，您看行吗？"

儿子的一番话，说得杨医生动了心，点头同意了。

杨医生的儿子到济民堂向孙思邈说明来意，孙思邈虽然明白是咋回事，但不计较，忙带上需要用的东西，高高兴兴来到杨松鹤家，坐在杨松鹤床前，开口先道歉："杨大叔，您身体不好，小侄一直没顾得来看，请您多多包涵！"

杨松鹤一声不响，把胳膊一伸，让孙思邈给他号脉。孙思邈忙把他的手推回被窝盖好，说："有病之人身子弱，别凉着了。"说罢号起脉来。他闭眼号了一会儿脉，用手撑起杨松鹤的眼皮看了看，郑重其事地说，"您这病是经血不调，我给您开个药方吃吃，很快就会好的。"

杨松鹤一听，顿时愣了，再一看孙思邈开的药方，更是直摇头。

"您怕吃苦药是吧！那好，不吃药也行，贴一张膏药吧！"孙思邈笑了笑，随手从腰间掏出一张膏药，点着灯就烤。杨松鹤翻身，面向里露出脊背让他贴，孙思邈又慌忙给他盖好被子。

"盖好，盖好！膏药贴这里就行啦！"说话间，孙思邈"啪"一下把膏药贴在杨松鹤的床头墙上。他贴罢膏药，很有把握地说："杨大叔，您这病很好治，今晚就会减轻，明天就能下床，后天就能出去转转，七天保证好透。"孙思邈说完，拱拱手，很有礼貌地说："大叔多保重，小侄告辞了。"

孙思邈走后，杨松鹤忍不住对着儿子哈哈大笑起来。儿子问他笑啥。

"我说大家没眼力吧！"杨松鹤神气地说，"他姓孙的简直狗屁不通！经血不调，那是女人的病，我一个60多岁的老汉会得这种病吗？即使是经血不调，他开的药也不对啊。再看这膏药，谁见过把膏药贴到墙上治病的啊？哈哈哈……这真是天下奇闻呀！"

杨松鹤连说带笑地比画了一阵，忽然感到肚子饿了，便向儿子要吃的。饭吃罢，他更精神了，接着向儿子讲孙思邈给他看病的丑事，讲到夜半，酣然睡了一宿。第二天早晨，老婆、儿媳来看他，他又兴冲冲地给她们讲了一遍。讲饿了，他又叫儿媳给他做饭吃。

其实，杨松鹤本来没有什么大病，只不过是闷气窝了心。此时他只顾讲孙思邈的丑事，倒把自己的病给忘了，三顿饭一吃，心里一痛快，就能下床走路了。第三天，他果然能出门走走了。七天以后，他的病真好了。

这天杨松鹤正在外面转，迎面碰见了孙思邈，他不由得满脸发红。"杨大叔，您的病好啦！"孙思邈笑着说，"恭喜您啦！我急着给人家看病呢，改天咱们再说话吧！"

孙思邈走了，杨松鹤认真地想：我的病是咋得的呢？他想了想，忽然想明白了：医书上讲，对病要虚则实治，实则虚治，喜则悲治，气则喜治。孙思邈知道我嫉妒他，气出了病，于是用这种荒诞无稽的治法，激起我的嘲笑，驱除我心中的闷气，我的病自然好了。看来这人真有两下子呢。

从此，杨松鹤再也不嫉恨孙思邈了。

第三章 擦亮『药王』名

孙思邈一生致力于药物研究，曾上峨眉山、终南山，下江州，隐居于太白山等地，边行医，边采药，边试验，边种药。他是继张仲景之后中国第一个全面系统研究中医药的先驱者，为中医发展建立了不可磨灭的功绩。后人因此称誉他为"药王"。

第三章 擦亮"药王"名

1.受封"药王"

千百年来，孙思邈一直受到民众爱戴，人们尊奉他为"药王"。

"药王"这个称呼，光听名字就能感觉得到其中的大气。在中国古代，王和皇都是统治者专用，能够被人称为"药王"，可见孙思邈的影响力。

"药王"得到了历代文人墨客的赞美，帝王对他也代代有封谥。孙思邈生前活动的地方，当下仍留有皇帝的封赐，以及文人学士、社会贤达歌颂其医德医术的各类纪念石碑。

武德九年（626）6月，唐高祖的次子李世民发动军事政变，杀死太子李建成，夺得中央政府的实际统治权。8月，高祖退位，李世民即皇帝位，成为唐太宗，次年改元贞观。

唐太宗是中国古代伟大的政治家。他一即位就力图扭转社会凋敝的局面，使经济得到恢复和发展。为完成这一事业，他迫切需要各种人才来辅佐自己，因此下令各州直接向朝廷推荐人才。贞观元年（627），他派人请孙思邈出山辅佐朝政。

唐太宗会见孙思邈时，发现此人虽然已经86岁了，但是"容色甚少"，无龙钟的老态。唐太宗十分惊讶，说："故知有道者诚可尊重，羡门、广成，岂虚言哉！"这里所说的羡门，相传是轩辕黄帝时代的人。据《史记·秦始皇本纪》记载："始皇之碣石，使燕人卢生求羡门。"可见秦始皇认为羡门长生不死。广成，即广成子。东晋葛洪《神仙传》写道："广成子者，古之仙人也，居崆峒山石室之中……千二百岁，而形未尝衰。"唐太宗将孙思邈比作这两位古代仙人，可见对孙思邈非常敬仰。他要授给孙思邈爵位，孙思邈不慕荣华富贵，婉言谢绝了，只答应在长安住下来，从事医学事业。这件事在新旧唐书《孙思邈传》里都有记载。

民间相传，在这段时间，长孙皇后患病，久治不愈，唐太宗召请孙思邈为其诊治，他果真妙手回春，治愈了皇后的沉疴。唐太宗感激不尽，欲授以官爵，孙思邈固辞不受。唐太宗又想厚赐他黄金万两、黄袍一袭，孙思邈再次婉言谢绝。最后，他得到了唐太宗的高度赞誉，御笔题诗，被封"药王"，后来唐太宗还到其隐居地亲自拜谒。药王山至今仍有唐太宗的登山御道、休息的龙亭和拜真台等遗址。

这个故事在民间流传很广，但没有确切史料可以证明其真实性。

不过，据史籍记载，长孙皇后确实曾身患重病。

贞观八年（634），长孙皇后随唐太宗闲住于九成宫时，就曾病倒。当时，御医遍诊，药物用尽，她的病体始终不见好转，好在最后生命无碍。两年后，长孙皇后还是撒手人寰，年仅36岁。她在病中时，或许曾得到孙思邈的调理施治，也未可知。

唐太宗是否曾封孙思邈为药王，此事存疑，各种说法都有。

药王山南庵孙思邈隐居地有一块古碑，上刻《唐太宗赐真人颂》，其全文是：

> 凿开径路，名魁大医。
> 羽翼三圣，调和四时。
> 降龙伏虎，拯衰救危。
> 巍巍堂堂，百代之师。

这首诗是否为唐太宗李世民原作，唐太宗是否真的曾亲临北五台山拜见孙思邈，史书均无记载。

关于孙思邈为长孙皇后诊病的过程，民间是这样传说的：唐贞观年间，长孙皇后怀孕十个月多，不能分娩，反而患了重病，卧床不起，虽经不少太医医治，但病情一直不见好转。太宗每日愁锁眉头，坐卧不宁。

有一日，唐太宗理完朝政以后，留大臣徐懋功问道："皇后身患重病，经太医不断诊治全无效果。你可知哪里有名医？请来为她继续治疗才是！"徐懋功闻言，将孙思邈推荐给唐太宗，并建议太宗下令将孙思邈召进宫来为皇后治疗，太宗当即召见孙思邈。

在当时，由于有"男女授受不亲"的封建礼教束缚，医生给宫内妇女看病，大都不能够接近身边，只能根据旁人的口述开处方。孙思邈是一位民间医生，皇后的"凤体"他更是不能接近。于是，他一面叫来皇后身边的宫娥彩女细问病情，一面找来太医的病历处方认真审阅。他根据这些情况，做了详细的分析研究，基本掌握了皇后的病情。之后，他取出一条红线，叫采女把线的一端系在皇后右手腕上，一端从竹帘中拉出来。孙思邈捏着线的一端，在皇后房外"引线诊脉"，查出皇后胎位不正，因而难产。

孙思邈对证施治，长孙皇后很快便产下婴儿，病也减轻了。

唐太宗见状大喜，对孙思邈说道："孙先生果真医理精深，妙手回春，确实是当代名医！"

然而，这个故事基本可以肯定是虚构的。"引线诊脉"（也称"悬丝诊脉"）的故事，最早是在明代出现的，其主人公起初也并不是孙思邈，而是北宋名医吴夲，此人被民间尊为保生大帝。

这个故事也不科学。单凭脉象是无法诊断病情的，称职的医生一定会对病人的表现做全面的诊察，也就是说，只有通过望、闻、问、切，将所得到的信息进行综合分析，"四诊合参"，才能做出正确的诊断。仅凭"引线诊脉"治病，在临床上是行不通的。

有可能孙思邈确实为长孙皇后诊过病，得到了唐太宗的认可，不过封为药王应无其事。事实应该是，中国古代缺医少药，百姓对良医感恩戴德，孙思邈医术精湛，百姓封他为"药王"，又移花接木，敷衍出他给长孙皇后诊病的经过，以及他被皇帝封为药王的传奇故事。

2.中草药为何能医病

孙思邈对神农氏尤为尊崇，精研《本草》，有独到的药物学见解，主要表现在采药和用药上。

孙思邈注重采药的季节，认为在一些季节里，药草和普通花草很难区分，采药会徒劳无功。他在著作中列出233种药品，都注明了几月采摘合适，甚至注清了哪个时节采根、哪个时节采花和茎。

此外，孙思邈还强调药材产地要清楚。他列出了133个州，共计519种道地药物。这样具体、详细的写法，是孙思邈首创的。

孙思邈在对病症机理理论认识的基础上，积累了丰富的用药经验，这使他认病准、治得快。孙思邈认为，中医用药，通常应用的是辨证用药、对症用药、特效用药三种方式。

辨证用药，就是根据辨证的结果，选用相应的方药，这是最主要的用药方法，其基本精神在于调整机体内部阴阳的盛衰。故凡属阳性之热证必用阴性之寒凉药物治疗，阴性之寒证必用阳性之温热药物治疗；虚证必用补药，实证必用泻药；上逆者必用降逆药，下陷者必用升举药。总之，中医是以药性之偏，调整人体阴阳之偏。

对症用药，就是为消除或减轻疾病的某些症状而使用药物。随着症状的减轻或消除，可以改善患者的精神状态、饮食情况，从而增强整个机体的抗病能力，促使病情向好的方面转化。

特效用药，是指使用能够直接消除致病因素的药物。这种用药方式有时可收到立竿见影的效果，有时却不灵验，因为其作用主要是祛邪，往往需要与扶正的药物相互配合，才能取得较好的疗效。

在具体的诊疗过程中，孙思邈往往将这三种用药方法密切配合，灵活运用，使疗效提高。

孙思邈用药，做到了辨证准确，用药恰当，其剂似微，却恰到好处，有画龙点睛之妙。他用药治疗效果好，故有"神医"之称誉。

3. 采药"老虎坪"

孙思邈在行医之余，经常上山采药。

在《备急千金要方·序例·处方》中，孙思邈这样写道："古之善为医者，皆自采药，审其体质所主，取其时节早晚，早则药势未成，晚则盛势已歇。今之为医，不自采药……徒有疗病之心，永无必愈之效。"

在这里，孙思邈明确了医与药的关系。善医者皆自己采药，就是说好医生必须要有好药，而这些好药都是自己亲自采的。另外，采药要把握好时令，这是采到好药的基本前提。同时，孙思邈直言批评了有些医生只做临床治疗，不注重采药的现象。

孙思邈在当时社会中，能如此明确地发表这种言论，确实有股勇气，足见他对医药认识之深刻。他自己更是身体力行地亲自采药。

相传有一天，孙思邈上山采药，旁边有一个妇女砍柴，一失手，削去了腿上一块皮肉，血马上就要流出来了。

孙思邈连忙放下药囊，拿止血药给她敷，不料这妇女却推开孙思邈的手说："你干啥？"

"看你腿划破了，给你敷点药。"

"不用！"那妇女摇手说，"我自己有办法。"她一边说，一边不慌不忙削下一块巴掌大的桑树皮，往伤口上一按，割了根鸡屎藤，把敷腿的桑树皮扎得紧紧的，低下头又砍起柴来。

孙思邈有些奇怪，就问："大嫂，腿划破了，不敷药能好吗？"

"咱们庄稼人，终年累月在地里干活，经常碰伤皮肉、扭伤筋，若都找医生敷药，哪里有那么多的钱？"大嫂说，"再说，到医生那里治，耽误了工夫，误了干活，谁给饭吃？没有这些土办法能活吗？"

孙思邈听了这话，想看看这土办法是不是管用，就请这位大嫂在村里帮忙找个地方，说自己打算住几天。大嫂看孙思邈是个热心的人，看到她腿受伤了主动想帮助，于是便帮他找到村里一个单身汉家，让孙思邈暂时住下。

孙思邈住了三天，又叫这位大嫂把腿上的伤口给他看看。大嫂解开了鸡屎藤，揭开桑树皮，一看，伤口已经长出嫩肉芽来了。又过了三天，再一看，伤口已经完全长好了。孙思邈便问："这办法是谁教你的？"

"是一代一代传下来的！"

"大嫂，谢谢你！"孙思邈再三道谢后回去了。

回去后，孙思邈找来桑树皮。经过试验，他发现鲜桑树皮不仅能止血、祛风、消炎、止痛、愈合伤口，还能通筋活血。于是，他把"桑白皮"写进了他的名著《备急千金要方》。

由于孙思邈长年累月在太白山采药、行医，在当地留下了许多传说。

传说孙思邈养了一头毛驴，伴随他多年，平时他到深山采药或到远处为百姓治病时，就让这头驴为他驮载药囊、药材等；走困了，他就骑上毛驴代步。孙思邈非常喜爱这头毛驴，一步也离不开它。

有一年夏天，孙思邈和徒弟赶着这头驴到离家乡不远的五台山采集药材。来到一处山谷口，他们发现药材很多，就将毛驴拴在树上，进山沟采药去了。

他们走了不一会儿，忽然有一只猛虎从松林里跑出来，直扑树旁的毛驴。老虎用两只前爪将毛驴压倒在地，张开血盆大口，吃掉了这头毛驴。

孙思邈和他的徒弟闻声赶来时，老虎已经跑得无影无踪了，只见地上血肉模糊，剩下一大堆横七竖八的驴骨头。毛驴被老虎吃掉，眼下采集的一大堆药材该如何运回去呢？今后采药、出诊又该怎么办呢？想到这儿，孙思邈非常生气。

说来奇怪，那只吃了毛驴的老虎走了没多大工夫，又慢慢地走了回来。它站在孙思邈的面前，垂下了头，眼中流露出哀求的神色，口角流着鲜血，温顺得简直像只猫。

孙思邈详细观察了一会儿，看出这只老虎受了伤，是前来找他治疗的。但他知道这只老虎吃掉了他的毛驴，很生气，便不理睬它，转过身向远处走去。可是老虎也跟着他走，眼里流着泪水，看样子喉咙里实在疼得难以忍受了。

孙思邈看见老虎好像有悔过的样子，便叫徒弟去看看虎口里有什么毛病。徒弟走到老虎跟前，将医铃放入虎口，把虎嘴撑开，定睛一看，原来有一根骨头扎在了老虎的喉壁上，鲜血不住地向外流着。孙思邈从虎口伸进一只手去,很快就把那根骨头取了出来。

老虎的伤病被治好以后,孙思邈指着老虎训斥道:"你这个作恶多端的野兽,吃掉了我的毛驴,被骨头刺伤了喉咙,乃是自作自受。我本来不愿给你医治,但见你疼痛难忍,且有悔过之意,才给你治好了病。你现在快走吧!"

老虎走出去不远,又返回来,走到孙思邈的面前卧了下来,做出让孙思邈乘骑的姿势。

孙思邈与徒弟看见老虎的表情,想了一会儿也就明白了。徒弟对老虎说:"你若是愿意代替毛驴为我师父驮药的话,就把头点三下。"

他刚说完,老虎果真点了三下头,于是徒弟将他们采集的药材搭在老虎背上。老虎这时看了看孙思邈,还是不走。

"你难道还要把师父一起驮上吗?"徒弟问它。

老虎听后又点了三下头。孙思邈见老虎愿意驮他,就骑在了老虎的背上。老虎迈步向前赶路。

从此以后,这只老虎经常给孙思邈驮载药囊、药材,还让他骑在背上到各地给人们看病。孙思邈师徒二人有时在深山老林里会遇见盗匪、猛兽,由于有这只老虎跟着,盗匪、猛兽也不敢前来伤害他们。

现在,耀州药王山上还有一块地方叫老虎坪,相传就是孙思邈救这只老虎的地方。人们给孙思邈塑像时,总会塑一只老虎卧在孙思邈身边,也是这个原因。

4. 仙草治瘟疫

用中草药治疗疫病，是孙思邈的一个重要贡献。太白山一带的人，也为孙思邈编过一则相关的传说。

相传，唐高祖时，孙思邈住在长安城里。有一年发生了严重的瘟疫，病死了成千上万人，许许多多的病人在死亡线上挣扎。整个长安城暗无天日，人人惶恐不安。

为了控制住瘟疫，孙思邈赶制了几千粒避瘟丸，将药丸无偿分发给病人们。一些人服药后痊愈了，但又有一些人陆续患了病，城里依然天天都有人病死。

孙思邈一时想不出阻止瘟疫蔓延的好办法，心里面非常着急。

一天，孙思邈正在苦思冥想，猛然记起少年时代刚拜师学医时，师父讲过这样的话："关中平原的南面是秦岭，秦岭的最高峰叫太白山。此山顶上异常寒冷，到处是积雪，就是在三伏天也不融化。那儿有一株仙草，能够在冰天雪地里开花、结籽，它的香气能传数里远。吃了它，年轻人会长生不老，老年人能返老还童，如果将它采下山，香气能制止瘟疫。只是山顶周围都是悬崖，人们根本上不去。"

师父还说："太白山是天上的太白金星降落凡间后变成的。山顶的皑皑积雪，是他的白发；山坡上纵横交错的沟壑，是他脸上的皱纹；主峰两侧的山峰，是他的双腿。他的灵魂就是山神，民间称为'太白爷'。太白爷从不轻易现形，只有品德高尚、才能出众的人才能见到他，并能得到他的帮助。"

想到这儿，孙思邈决定尽快上太白山寻找仙草。

孙思邈离开长安城，风餐露宿，经过几天跋涉，他终于来到太白山下。

孙思邈往山上爬，爬得越高，发现树种越单一，最后成了清一色的松树林。穿过松林后，只剩下不怕冷的耐寒无名小草，开着针头大的花朵。再往上攀行，就成了千仞峭壁，像用巨斧劈成的一样险峻。孙思邈试着从罅隙间攀登，根本上不去。

怎么办？是上还是不上？孙思邈站在陡崖边思索着。他的眼前浮现出长安城里被瘟疫击倒的父老乡亲，一种力量从内心深处陡然升起：必须上，纵然摔死也要采到那救命的仙草。

于是，他从山间的一个村子里买来一把沉甸甸的铁锤、一个锐利的钢钎，决心凿山开路。

孙思邈不分白天黑夜开凿山石。叮叮当当的声音，每天都从晓雾蒙蒙的凌晨响到日落西山，又响到红霞满天。

一天，从山旮旯里走出一位老人。这位老人的头发像冰雪一样洁白，有长长的寿眉、琉璃色的眼睛，面色却像十来岁的儿童般红润。老人问孙思邈为啥要开路，孙思邈把自己治瘟病的想法一五一十地告诉了他。

老人说："你若白天凿山，晚上好好休息，凿上三年五载，总有一天会将路凿通，采得仙草的。为啥不顾自己的死活，白天黑夜拼命地凿呢？"

孙思邈答道:"我多耽误一天时间,仙草就迟一天下山,山下就会多死几百号病人。因此我不得不抓紧所有的时间凿路,实在顾不上考虑自己的死活。"

老人听了,和蔼的脸庞露出了满意的笑容。很明显,他被孙思邈的一席话感动了。老人说:"你今天晚上找个地方好好地睡一宿。明天早上,我借给你一架上天梯。有了它,你就可以登到山顶。"

孙思邈问:"上天梯?我从来没有听说过。它什么模样?"

"到时候你就知道了。"

"您老人家是谁?"孙思邈好奇地问道。

"我是这儿的山神。"

孙思邈听后又惊又喜:"哎呀,原来您老人家就是太白爷呀!"

太白爷点点头。他转过身去,向一道苍青色的石壁大喊一声。石壁随即裂开一道缝,太白爷钻进去后,石壁合住了。

当天晚上,孙思邈在绝壁旁找到一块能遮风避雨的地方,香香甜甜地睡了一夜。

一觉醒来,天已经大亮了,阳光在山峰上涂上了一层橘黄的色彩。孙思邈一看,峭壁上搭了一架十几丈高的石梯。机会终于来到了,孙思邈知道,这就是太白爷借给他的上天梯。

孙思邈通过上天梯来到了山顶。这里的风景与众不同:白雪之中有一个湖,呈柔和的深绿色,那株仙草就长在湖畔。

孙思邈轻轻摘下仙草,举在手中,高高兴兴地下了天梯。

下天梯后,孙思邈又遇到了太白爷。

太白爷说:"恭喜你呀孙思邈,你得到了天下的至宝。自古以来,常有人想攀到山顶,采摘这株仙草,一些帝王也派官员上山,企图采到它。但由于这些人的目的只是使自己长生不死、永享富贵,所以我不让他们到达山顶。"

孙思邈向他磕头致谢。接着,太白爷想搬走上天梯。

孙思邈说:"把它留在这儿吧。太白山顶的风光太美了!不让更多的人见识到,实在可惜。"

太白爷笑了笑,轻轻点了点头。

孙思邈把仙草带到长安后,长安一带的空气中充满了醉人的花香。病人们嗅到后,身体逐渐康复了。到仙草枯萎时,瘟疫就停止了……

上天梯留在太白山,由于长年遭受风雨剥蚀的缘故,渐渐风化,变成了梯子形的山崖,人们称其为"梯子崖"。

这是一个美丽的传说,展现了人们对孙思邈大医精神的认可。

5. "鹿衔草"与"鹿蹄草"

太白山上流传的关于孙思邈的美丽传说还有很多,千百年来,当地民众对这些故事深信不疑。

相传,有一天,一位身裹兽皮的健壮猎人蹑手蹑脚地走进了太白山林。

刚进林区,突然从草丛中窜出一只金钱豹,直扑猎人,猎人射出一箭，正中豹耳。不料负伤的豹子更加疯狂了，一下扑到猎人面前。这是一只身强力壮的公豹，虽然左耳受了伤，但力气没有减弱。它愤怒地舞动双爪，拼命地扑向猎人，虽未抓瞎猎人的双眼，却抓破了猎人的肩膀、胸部和手臂。猎人大吼一声，拼着全身的力气猛卡豹子的颈部，豹子蹬腿身亡。猎人身负重伤，昏倒在地。

等猎人醒过来，觉得身体很疼痛，低头一看，前胸的皮被撕破，皮肉开裂，鲜血迸流，肩头也阵阵钻心般疼痛。猎人摸出自带的金创药敷在伤口上，但伤口太多、太深，金创药止不住血，也止不住痛。

猎人心想："今天恐怕要与这豹子同归于尽了。"可他不甘心就这么死去，痛苦地呻吟着。猎人的呻吟声惊动了不远处的鹿，很快传来了一阵"呦——呦，呦——呦——"的声音，好像是一只失群的幼鹿在呼唤它的母亲快来救援。那幼鹿柔和而又带点凄楚的呼唤声，透过树枝草叶，传向远方。

此时，一只年轻的母鹿出现了。它匆匆赶来，似是要找回自己失落了的孩子。

猎人见状，拿出自己的弓，搭上了箭，在草丛中暗暗地瞄准了母鹿的颈部。他想用热鹿血救自己一命，于是拿出吃奶的力气拉开了弓，手微微地颤动着，只听"呼"的一声，母鹿惨叫着应声倒地，猎人却也因用力过猛昏死过去。

过了一会儿，母鹿又悄悄抬起了头。原来，猎人因手臂受伤颤动，箭未能射中母鹿的要害，仅射中了它的右前腿。这母鹿有保护自身的办法，它用嘴在草丛中翻动、寻找，不一会儿咬断了几枝开着黄色小花的野草放到腿边,又用嘴咬住箭杆使劲往外拔。箭被它从腿上拔出来后,它咬碎了那几株开着黄色小花的野草,敷在自己的伤口上,伤口上的血很快被止住了。它又在草丛中找到几株开着黄花的野草,含在口中咀嚼。

这时猎人再次苏醒过来,他发现母鹿没死,急忙对准母鹿的头狠命拉开了弓。他想:这次一箭射去,母鹿必死无疑。正要放箭时,他的手臂却被人从后边拨开了,箭飞了出去,扎在一株古松上。

猎人一惊,回头一看,是一位面容清瘦的采药老人,不由得发怒了:"你为什么拦我射鹿?"

"我要救你的命啊!"采药老人和蔼地说。

"你是谁?"

"我是孙思邈。"

"你是药王?可草药已治不了我身上的伤了!你为啥拦阻我杀鹿喝血治伤?为什么为救一只鹿,竟要我丧命?"

孙思邈并不辩解,轻轻地扶他躺下,然后快速奔到母鹿跟前,这时母鹿已慢慢地站立起来了。母鹿嘴里衔着两株开着黄色小花的野草。孙思邈走上前去,一面抚摸鹿背,一面观察鹿的箭伤,又细看鹿嘴里的野草。母鹿像颇解人意似的,伸过头来把口里衔的野草吐在孙思邈手中,然后昂头"呦呦"地叫了一声,扬起四蹄跑开了,不一会儿就隐没在树林深处……

孙思邈比着手中草的样子,采集了一大把开着黄色小花的野草,回到猎人身边。

孙思邈把野草放在自己口中嚼成糊状,敷在猎人的伤口上,伤口顿时就不疼了。孙思邈又让猎人吃了一些撕碎的嫩草。不一会儿，猎人便能自己站起来了，伤痛几乎全好了。猎人向孙思邈深深作了个揖，感谢说："真不知该怎样报答你的救命之恩，这只金钱豹送给你吧！豹肉、豹骨能做药治病，豹皮能做一床好褥子呢！请收下吧。"

"使不得，使不得，你拼上性命猎的豹子，是养家糊口之物，我不能要。再说，救你的不是我孙思邈！"孙思邈摇摇手说。

"不是你药王爷，是谁？"

"是那只你要杀的母鹿，是它找的草药救了你！"

孙思邈平静地注视着猎人，告诉他："不少动物都认识几种能救自己的草药，比如地上的四脚蛇（蜥蜴）如被蛇咬伤了，就会找一种名叫蛇根草的草药给自己解毒治伤；灵角龟会吃人参和灵芝；鹿也认得一些疗伤的草药。我多年来在深山老林中采药，常碰到口衔野草奔跑的鹿儿，但不知它衔的是什么草，今日方解此谜。感谢你使我认识了这种草药！"

孙思邈说完，把一株开黄色小花的草药递给猎人，又说："记住这种鹿衔过的草药吧，你们猎人以后还能用上。"

猎人接过草药，问道："这草药叫啥名字呢？"孙思邈沉思了片刻，说："就叫鹿衔草吧！"

从此，这种治跌伤损伤的草药，就以鹿衔草的名字在民间流传。

民间还有一个关于"鹿蹄草"的传说。

相传有一天，孙思邈在太白山采得满满一篓药材后，累得腰酸腿痛，气喘吁吁，于是在一个岩洞旁放下药篓，坐在一块石头上休息。

忽然,他看见从蓝莹莹的天顶奔下来一只鹿。这只鹿浑身金黄,有许多银白色的梅花斑,在烈日照射下,反射出千万道耀眼的光彩。它落在孙思邈面前,摇身一变,变成一位亭亭玉立的少女。她的容貌像花朵一样美丽,穿着金黄色的绣有白色梅花图案的衣裙。她一面心惊胆战地回头朝天空望着,一面给孙思邈深深地作了一个揖。

孙思邈一时没有反应过来,感到好生奇怪。

这名女子急匆匆地说:"我是天上的仙鹿,我和我的几百个姐妹被关在玉皇大帝的鹿苑中。玉皇大帝特别爱吃鹿肉,每天都要厨师宰杀一只,今天要杀我,可我不甘心被屠宰,就逃了出来。玉皇大帝听说后,派天兵天将来捉我。我在天上无处藏身,便逃到了这里。过一会儿,天兵天将就会追到这儿,求您老人家大慈大悲,救救我吧!"

孙思邈点了点头,立即将她藏在岩洞中,并用那一篓药材遮住了洞口。

不一会儿,突然刮起一阵大风,吹得遍山的树枝草叶瑟瑟发抖。紧接着,空中雷声隆隆、电光闪闪,飞过来一朵乌黑的云。云顶上站着一员天将和一队天兵,个个青面獠牙、相貌狰狞。天将左手托着一座用生铁铸成的宝塔,右手举起一把明晃晃的宝剑。

天将盯着孙思邈,张开血盆般的大口说:"刚才从天上逃下来一只梅花鹿,它跑到哪儿去了?"

"它朝北面跑了。"孙思邈仰面答道。

"你要是说谎,我就杀了你。"天将用宝剑指着孙思邈,厉声说。

孙思邈镇静地说道:"我是个凡人,只长着一个脑袋,哪有胆量敢对天神说假话!"

天将带着他的部下朝北面奔去,渐渐消失在遥远的天际。

这时,金衣女子从岩洞中钻出来,抖抖沾在头上、衣服上的尘土,跪在孙思邈面前,磕了一个头说:"你真是个好人,我和你非亲非故,素不相识,你却冒着生命危险救了我的命。"

孙思邈连忙叫她站起来。

女子站起来后,扑闪着一双明亮有神的大眼睛说:"再过几天,在我走过的地方,会长出一种药材。它性平、味苦,有祛风湿、止血的功能,这算是我对你的一点报答吧。"

女子摇身一变,又成了一只鹿,朝南方奔去……

几天之后,在那只仙鹿的足迹中,果真长出了一种新的植物。其叶子是圆形的,像鹿的蹄印,茎儿贴在地面上生长。到夏季里,花茎顶端绽开白色的花朵。

孙思邈给这种植物起了个名字,叫"鹿蹄草"。

6.青城山识得灵丹妙药

唐朝初年,孙思邈带领徒弟们从终南山来到青城山丈人峰下采药。

一天,他们在混元顶上的松林歇脚之时,正看到有几只鹤在涉水嬉戏。

突然间，一只母鹤发出唳声，抬不起头，哀鸣不已。顷刻飞来两只大鹤，衔住母鹤的翅膀，飞向密林，将它安顿在窝里。

看到这一幕，孙思邈明白这只母鹤生病了。

徒弟们知道师父心存仁爱，建议他用配制的还魂散为病鹤医治。孙思邈却笑着对弟子们说："仙鹤有病仙鹤治，用不着我的药方。"于是他们一行认真观察起来，时而见鹤窝里掉下几片叶儿，像红萝卜缨儿；时而掉下些花朵，像雪莲花；时而掉下一些茎节，像九节风秆；时而掉下两坨根，像首乌疙瘩。

徒弟们不以为然，孙思邈却观察得非常认真细致。他说："我们现在还不能下山，得搬到松林安营扎寨。"弟子们知道他的脾气，也经常听他教育："我们吃点苦，病人福无边。采药人不详察物候，怎能识得灵丹妙药？"

孙思邈一行结草为庵，与鹤作伴，终于在仙鹤爱去的混元顶峭壁间发现一片药苗，与从仙鹤那里捡的相像。那药苦中带甜，芳香扑鼻。

孙思邈断定这是一种活血通经、祛风止痛的良药。由于青城是神仙洞府，川西第一，而这药能治头风，又来自天穹，他为它取名为"川芎"。

此后，青城川芎很快传到了坝头，多在坝头种植，但为了保持药性，每年还会把抚药芎子运到青城，宿根生苗，斩为短节，在洞中放一些时间，再运到坝头栽种。1300多年过去，青城川芎越长越好，越传越远，"川芎"这个药名也一直流传至今。

从春到夏，眼看秋去冬来，山风清凉，弟子们劝孙思邈下山，但他总是舍不得离开青城山。

在青城山上，孙思邈居住在丈人峰上的著名道观玉清宫附近。这儿是一块平地，占地约3亩多。相传，孙思邈按照家乡华原县的习俗，雇人用青砖建了四孔窑洞，并在窑洞四周筑起一圈围墙。见院子里太单调，孙思邈便栽下一株牡丹苗。

孙思邈特别珍惜这株牡丹苗，经常仔仔细细地施肥、捉虫子。下暴雨时，就把它用瓦盆罩住，刮大风时，在它的跟前插上一根细棍，将植株在棍上绑住。

牡丹苗越长越壮。到了第二年，春风轻轻吹来时，它生出了蓓蕾，绽开美丽夺目的红花。岁月一年一年过去，牡丹也越长越高，后来长到了一丈高，花朵变得像脸盆那么大，浓郁的花香弥漫在院子里的各个角落。

有一年春天，孙思邈生了重病，鼻子里流出脓血，身上长满大疮。他痛苦不堪，坐立不安，只好停止著书。孙思邈的大弟子精心为他医治，但无疗效。孙思邈躺在床上，昏迷过去，十分危险。

一天晚上，月白风轻。大弟子正在屋子里给师父煎药，突然，有人悄悄掀开门帘，轻轻地走了进来。大弟子一看，是一位妙龄女子，她的容貌比画中的仙女还要美丽，穿着红色的百褶裙子，浑身散发着令人心醉的香气。

大弟子愣了愣，问："你是谁家的闺女？为啥深更半夜到这儿来？"

女子甜甜地笑了笑说："我长年累月住在这座院子里，天天和你们师徒见面，为啥不能进屋子里来？"

第三章 擦亮"药王"名

"我咋从未见过你呀？"

"先不谈此事。你的师父病得这么重，连我都替他万分着急。你是他的徒弟，为啥不想办法救救他呀？"

大弟子说："办法倒是有的，现在只缺一种能够清热、凉血、散瘀的药。只要有了它，就能够把师父的病治好。可是到哪儿去找这种药呀？"

"这好办，我身上就有。"女子明媚的大眼睛一扑闪，连忙从桌子上拿起一把剪刀，掀开自己的裙子，在左腿上"刷刷刷"地一连削下几块皮，又在右腿上也削下几块皮，皮连着肉，肉带着血，触目惊心。女子痛苦得浑身颤抖，话也变得结结巴巴的。她将皮肉递给大弟子，"这就是……你要的……那种……药，快接住！"

大弟子看到眼前一幕，顿时惊呆了，他根本没想到会发生这种事。女子见他不敢接，就把一片皮肉投入药锅内，又将剩余的搁在桌子上，趔趔趄趄地出了门。

大弟子随即清醒了，连忙走出屋门。只见明月在天，银辉遍地，花影婆娑，院子里根本没有人影。他又匆匆走出大门，也找不见女子。

回到屋子后，再看那个女子搁在那里的皮肉，却是一种植物的根皮。大弟子朝药锅里一看，发现女子投进去的也是根皮。大弟子将药煎成后，给师父喂下，第二天师父就清醒了，又吃了几天药，病就痊愈了。

孙思邈下了床，问大弟子是怎样治好他的病的。大弟子详细地向孙思邈讲了那天夜里发生的事，孙思邈听后也很惊愕。他想了想，走出屋门，在院子里一看，发现自己种的那株牡丹已经枯萎了。孙思邈叫大弟子将它挖出来一看，根上的皮被削掉了。孙思邈明白了，这株牡丹为了拯救他而牺牲了自己。他感慨万端，不禁热泪纵横。

之前，人们虽然已经熟悉牡丹，但只是将它作为花卉种植、观赏，并不知道它的根皮有药用价值。孙思邈发现牡丹根皮性微寒，味苦辛，有清热、凉血、散瘀的功能，可以主治吐血、鼻衄、劳热骨蒸、疮痈肿痛等多种病症。这味重要的药材现在称为"牡丹皮"或"丹皮"。

青城山出产的药材除丹皮以外，还有天麻、茯苓等，都很名贵。古人为青城山的药材写过这样一首诗："道翁采药昼夜勤，松根茯苓获兼斤。人芝植立强骨筋，狗杞群吠声猖猖。"诗中的"道翁"，就是孙思邈。

7.峨眉山的新发现

相传有一天，孙思邈在峨眉山脚下一个院落和当地村民们聊天时，一位大伯递给他一张医方说："古时候，羌族曾在青衣江两岸建立过青衣国，如今峨眉山以西还住着许多羌族人。这个单方是他们治疗半身不遂和一些妇女病的。"

当时，孙思邈住在峨眉山药王洞。在这青翠碧绿、古柏参天的安静环境中，孙思邈既可著书写作，也可采药炼丹。

立秋后的一天中午，孙思邈正在凝神写作，忽然听到墙外有人呻吟。他到门外一看，一个40多岁的中年男子坐在地上，面色蜡黄，两腿红肿。

孙思邈问对方生了什么病，那人操着浓重的当地口音，低声地述说道：他家住在岷江岸边，靠打鱼养家糊口，经常雨里来水里去，年深日久，就得了风湿病，只要一到天气阴湿之时，周身就疼痛无比，两腿红肿，关节僵硬，不能行动。

孙思邈连忙把他扶进寺院，安顿下来，并安慰他，说自己有配制好的治疗风湿病的药，能治好他的病。可是不知什么原因，药用过后，好多天不见效。

"人们都说我医术高明，却连眼前这个风湿病人都治不好，说明我还得不断提高医术，需要尽快发现一些更有疗效的良药。"在夜深人静之际，孙思邈想着眼前的病人，认真地沉思。

于是，孙思邈决定带上两个徒弟，到山上各处采治风湿病的药。一连好多天，他把凡是自己认为能治风湿病的药都找回来，给病人用上，还是不见效。

这天，他和徒弟又上山去采药，忽然看见一只老鹳正在岩石上啄食一种草。他猛然想到，许多飞禽走兽生了病，都是自己找药吃。这老鹳常年栖息在江河湖泊中，最易受阴湿之气，莫非老鹳是在吃药治病？

灵感出现了，孙思邈和徒弟立即登上山岩，采集了许多老鹳吃的那种草。他俩把草带回来，在寺院旁边的真人洞里用水熬成药汁，先自己试着服了一些，服后时间不长，就觉得浑身脉络通畅，筋骨舒展多了。他把这种药汁给病人服用，病人服了第一剂疼止，服了第二剂肿消，连服五剂，就能下地走路了。那人感激地拉着孙思邈的手说："孙先生，您治好了我多年的风湿病，我又能重新走路了，我该怎样感谢您的恩情呢？"

"你不用感谢我，回去后，见到有风湿病的人，叫他们都到我这里来医治吧！"

那病人听了，向孙思邈跪下磕了三个头，高高兴兴地回家去了。

因为那草药是老鹳首先找到的，孙思邈给它取了个名字叫老鹳草，用它熬成的药膏就叫老鹳膏。

自此，孙思邈用老鹳草治好了当地许多患风湿病的人。孙思邈一下子感到轻松了许多。风湿病给岷江岸边的人们带来的痛苦太多，现在他终于有能力治好这个病了。

孙思邈在峨眉寻药的故事不止这一个。相传峨眉有位教书先生患了肾病，请了当地一些名医诊治，都束手无策，便请孙思邈治疗。

此病人患肾病已到晚期，浑身浮肿，孙思邈想不出用什么药物才可治愈，只好劝他家里人："病人想吃什么就尽可能地满足他，病已到晚期，无法治愈，准备后事吧。"

没过多久，孙思邈在街上碰见这位病人正在散步，身体竟已康复。孙思邈打听他是吃了什么灵丹妙药。

原来，在峨眉山上一个神庙里，住着逃荒的母女二人，母亲常年有病，女儿是位16岁的姑娘，取了一个很有灵性的名字，叫"灵芝"。

灵芝姑娘正如她的名字一样，心灵手巧，勤劳善良，每天起早贪黑到山上采蘑菇，采好之后就拿到山下城里去卖，赖以维持全家人的生活。

山上的蘑菇很多，时间长了，灵芝有了采蘑菇的经验，不但知道啥样的蘑菇好吃，还学会了养殖蘑菇。她把一些朽木搬到背阴处，浇上水，过些时候就能长出蘑菇。这样一来，即使阴天下雨，她也能采到蘑菇。她的蘑菇卖得便宜，买的人不少，有时卖不完，就把蘑菇晒干放起来，等到冬天再卖。

一天，灵芝在山林里一棵枯树根处，发现了三个异样的像蘑菇似的东西。那东西长得像小伞，伞盖有小碗口大，伞把有半尺长，颜色又红又紫，有漆一样的光亮。姑娘喜出望外，连忙采了回来，用手一摸，有一种捏软木的感觉。它们是不是蘑菇？能不能吃？灵芝犹豫了一阵，将它们扔到地上。过了几天，她又到那棵枯树根旁，见那三个异样东西还在地上，便又捡了起来。

灵芝到城里去卖蘑菇，把那三个东西也带了去。可是，人们见到这个与蘑菇异样的东西，拿不准是否能吃，都不敢买。最后，姑娘只好把它带回家。

寒冬时，大雪纷飞，灵芝提着半篮子干蘑菇去城里卖，又把那三个异样东西带去了。夕阳下山，灵芝卖完蘑菇准备回家。此时，那久病的教书先生已经病危，忽然想吃蘑菇，他儿子上街去买，灵芝的蘑菇已经卖光了，只剩那三个异样东西，病人的儿子就买走了它们。

家里连夜熬好蘑菇汤，可是病人已经昏迷，叫不醒。为了让病人临终前吃到想吃的东西，家人们就用小勺顺着病人的牙缝一点一点地灌。

奇怪的是，病人昏迷了一夜，第二天居然醒过来了。亲人们继续喂他"蘑菇"汤,一连喂了三天,病人的病奇迹般好了起来,竟能够下床到街上转悠了。

孙思邈听到有这样神奇的药物,决心追寻它的来历。

孙思邈跟随提着重礼上山酬谢卖蘑菇姑娘的病人之子访问了灵芝姑娘,把她采到异物的来龙去脉详细地记了下来。

天气转暖时,孙思邈上山去找那种异样的蘑菇。功夫不负有心人,这东西还真的被他找到了。他就用发现此物的姑娘的名字,给此物取名为"灵芝",又称"灵芝草"。

峨眉山上有许多关于孙思邈的传说,亦有相关的孙思邈遗迹,后世许多人为这些遗迹写过题咏,如宋朝的苏东坡就有《题孙思邈真人》:"先生一去五百载,犹在峨眉西崦中。自为天仙足官府,不应尸解坐虬虫。"

8.衡山采松脂

贞观八年(634),孙思邈离开巴蜀大地,来到今天的湖南省境内,在南岳衡山采集药物。

衡山,横亘在湖南省中部地区,兀立于湘江之滨。衡山山系有七十二峰、十洞、五岩、三十八泉、二十五溪、九池、九潭。在七十二峰中,以祝融、芙蓉、紫盖、石廪、天柱最为高大。祝融峰在今衡阳市境内,海拔1300多米,是衡山的主峰,山间草木苍郁、景色幽秀,享有"五岳独秀"的美名。

孙思邈来到衡山后,在重峦叠嶂中跋涉,深入阴坡,钻入密林，采摘松脂。

他在《备急千金要方》卷二十七《养性》中写道："凡取松脂，老松皮自有聚脂者最第一。其根下有伤折处，不见日月者得之，名曰'阴脂'，弥良。惟衡山东行五百里，有大松，皆三四十围，乃多脂。……常以三月入衡山之阴，取不见日月松脂，炼而饵之。服之百日，耐寒暑。二百日，五脏补益。服之五年，即见西王母。"孙思邈还提出了用松脂治疗癞病的方法。

由于孙思邈曾经在衡山采集过松脂，这一带的民众自古就有保护松树的意识。旧时，山上有一块碑，上刻《护松诗》：

> 虬松苍翠郁南天，风雨名山三十年。
> 陵谷迁移心不改，雪霜欺压节弥坚。
> 枝柯偃寒龙筋瘦，岩壑阴森鹤梦圆。
> 种树人非碑尚在，青青长笋岳峰巅。

如今，南岳庙东南面一带尚存有大片松林，主要为马尾松、油松。祝圣寺、藏经殿一带，亦有原始松林。这些古松，虽然历经千年风霜雨雪，却依然枝叶扶疏、参天挺立、生机盎然。

在湖南省，除衡山可以确认为孙思邈采集过药物的地方以外，其他市县也有一些和孙思邈有关的传说、遗迹。

例如，长沙市天心区药王街有一座药王庙，供奉着孙思邈，当地人称那里是孙思邈故居。浏阳市北30公里处的洞阳山风景优美，当地文献记载，该山是"道书二十四洞天，唐孙思邈炼丹处"，故又名"孙隐山"。涟源市西南面，有座龙山，逶迤起伏，横亘数县，相传孙思邈曾在该山主峰岳坪峰制药炼丹。当地人认为，早在唐代，岳坪峰南面的马鞍山脊就建有纪念孙思邈的庙宇。明朝初年，该庙迁建至岳坪峰北麓，并于清朝光绪年间扩建，至今尚存。

孙思邈大约在湘鄂大地上停留了一年多的时间，之后带着遗憾离湘，从汉江逆流而上，抵达汉中。

为什么说孙思邈在江南是抱憾而归呢？因为孙思邈到湖南等地，一方面是为了了解风土人情，掌握南方疾病症候，穷搜博采医方来丰富知识；另一方面是为了寻找他渴望已久的《伤寒论》全本，然"江南诸师秘仲景方不传"，这令孙思邈十分失望。

9.药王山种药、制药

到了垂暮之年，从长安回到故里后，孙思邈依然热衷于种植和炮制药材，这成为他晚年隐居生活的一个重要组成部分。

孙思邈经常种植的药材有地黄、枸杞、牛膝、牛蒡、百合、车前子、萱草、黄精、五加、商陆、甘菊、莲子、杏、枳树、栀子、酸枣等。试举他种植地黄的经过为例。

地黄，是玄参科多年生草本植物。其根茎为黄色，肉质肥厚，是一种重要的药材。新鲜者叫"鲜地黄"，干燥后称"干地黄"或"生地黄"，经加工蒸制后称"熟地黄"，各有主治之症。

种植地黄时，孙思邈总是先挑选一片黄赤色、虚软且肥沃的土地，在腊月里深耕，如果是冻土更好。到了翌年二三月间，他会仔细地耙地，挖掘宽达1尺的排水沟，每两沟之间为一畦，畦宽4尺。畦的地势一定要比周围稍高，畦间不可有积水，否则地黄会腐烂。然后他会在畦中开沟，沟深3寸，再从地黄根中，选取肥大者，切成一二寸左右的根块，用草木灰撒拌后种在沟中，每种一亩需用根50斤。之后用熟土覆盖，土厚3寸以上，再在上面覆盖经过了一个冬季的烂禾秆。等到地黄出苗后，他会点燃禾秆，烧去苗。苗再生后，叶片会变得更加繁茂，根茎会特别肥壮，到冬季挖取根茎时，质量尤佳。

成书于孙思邈之前的《本草》认为，地黄的根茎得在二月、八月挖。孙思邈认为这种见解欠妥，因为八月间，地黄的残叶犹在枝头，其营养没有尽归于根茎；二月，地黄的新叶已生，根茎中的营养已输送至叶上，所以不如在正月、九月挖好。

对于为什么要自种、自采中药材，孙思邈在《千金翼方》里有这样的描述："夫药采取，不知时节，不以阴干暴干，虽有药名，终无药实。故不依时采取，与朽木不殊，虚费人功，卒无神益。"

除自种、自采外，孙思邈也高度重视对药物的自制、自藏。尤其是制药，孙思邈积累了一套成熟管用的中药材炮制（古称炮炙）办法。

在《千金翼方》中，孙思邈详细记述了自己将鲜地黄加工成干地黄的方法：

"地黄一百斤，拣择肥好者六十斤，有须者去之，然后洗净漉干，暴（曝）三数日，令微皱。乃取拣退四十斤者，洗净漉干，于柏木臼中熟捣，绞取汁。汁如尽，以酒投之，更捣、绞，引得余汁尽,用拌前六十斤干者,于日中暴(曝)干。如天阴,即于通风处薄摊之,夜亦如此,以干为限。此法比市中者气力数倍,顿取汁恐损,随日捣、绞用,令当日尽佳。"

接着,他叙述了把干地黄加工成熟地黄的具体方法:

"斤数拣择——准生法。浸讫,候好晴日,便早蒸之,即暴(曝)于日中。夜置汁中,以物盖之,明朝又蒸。古法九遍止,今但看汁尽色黑,熟蒸三五遍亦得。每造皆须春秋二时,正月九月缘冷寒气,方可宿浸;二月八月拌而蒸之,不可宿浸也。地黄汁经宿恐醋,不如日日捣取汁用。凡暴(曝)药皆须以床架上置薄簟等,以通风气。不然日气微弱,则地气止津也。于漆盘中暴(曝)最好,簟多汗又损汁。"到今天,人们加工地黄还是沿用孙思邈的方法。

中药材炮制,是将中药材加工、制作以入药的一门十分重要的学科,其作用有三:一是加工、去除药材的非入药部分;二是减轻或消除毒性,有些药材存在毒性甚至剧毒,经过炮、炙、蒸、晒、渍等,可以达到减毒或除毒的效果,使病人用药更安全;三是使药物增加效力。此三者尤以第二、第三更为重要。

2006年,中国将中药材炮制列为非物质文化遗产加以保护。

10.药王的"吐故纳新"

从药物学的发展史来看,孙思邈算得上一位杰出的药物学家,他在世世代代有心人治疗疾病用药经验的基础上,不断总结、丰富，使中医药品逐渐增多，疗效不断提高。

在著作中，孙思邈对从《神农本草经》到唐代《新修本草》之间的药物学著作做了一次综合处理。在药物数量上，把作用不大或无效的药品删去216种，同时把一些新的药材补充进去，新增210多种药材，内有三白草、水蓼、冬葵子、安息香、苎根、瓦松、郁李仁、龙葵等，还有来自国外或边缘地区的毗梨勒、诃黎勒、无食子、胡椒、庵摩勒等十多味药材，以及在原有的药材中进一步求精取细、讲究"道地"的。

从两部《千金方》的理、法、方、药看，孙思邈十分注重在创新中发展。孙思邈能有计划、有目的地客观考察现象，并以观察结果来判断药物的有效与否和有效程度，以此决定取舍，这是十分科学、负责的。

有学者认为，孙思邈在药物学方面最突出的功绩有两个：

其一，扩大药源，扩充治疗手段；

其二，他一方面淘汰了一批疗效不高或被时代所遗弃的药材品种，另一方面发掘新药，在药学世界里开辟了一个"吐故纳新"的先例，使中药在推陈出新中永葆青春。[1]

学者干祖望梳理总结了孙思邈在药学领域里做的好事。

（1）他整理前人的本草学并吐故纳新，使本草学进一步发展。

（2）有许多孙思邈记录的新增药品，如水蓼、冬葵子、龙葵、郁李仁等，至今还属于常用药物。

（3）他在车前子基础上发展出车前草，在竹叶基础上发展出

---

[1] 干祖望：《孙思邈评传》，南京大学出版社，1995，第280页。

淡竹叶，在饴糖基础上发展出砂糖，这些药材都为后人所乐用，直到今天。

（4）他记录了胡椒、无食子、毗梨勒、诃梨（黎）勒等外来新药，为洋为中用树立了榜样和方法。

（5）他引进了化学制药。

（6）他利用"丹石"的躯壳，以有益药品代替有害药品，创制了一些保健延年的良丹。

（7）他在介绍丹石的同时，也揭露了丹石的危害性。

（8）他创造了使用剧毒药时剂量逐渐加重的进服法。

（9）他以动物肝脏来治疗目疾，确立了千古定论。

（10）他种药、采药、制药、用药极端负责，如主张自采、自制及科学贮藏药材；亲自试验，有效者用，无效者删；不肯轻易介绍自己没有试用过的方药，也不肯轻易否定暂时尚未明确有效还是无效的方药；严格把控质量，欠佳的、低效的、炮制有问题的药品，宁可销毁，也不用于病人身上。

"药王"是至高的桂冠，没有加于神农、雷公、李时珍头上，却归属于孙思邈，推根究底，孙思邈受之无愧。

第四章 炼就"神医"术

孙思邈将良医的诊病方法总结为："胆欲大而心欲小，智欲圆而行欲方。"孙思邈对古典医学有深刻的研究，对民间验方十分重视，一生致力于医学临床研究，对内、外、妇、儿、五官、针灸各科都很精通，有多项成果开创了中国医药学史上的先河。

第四章 炼就"神医"术

1. "名医为什么能治愈疑难的疾病"

孙思邈云游四方，深入民间，时常看到因为疾病而痛苦不堪的百姓。他心中暗暗发誓，一定要穷尽一生苦学技艺，练就一身真本领。

关于孙思邈早年的行医生涯，有一个特别有趣的故事。

有一次，孙思邈遇到了一位身患怪病的人，这个病人的症状非常奇特，很多医生束手无策。孙思邈并没有放弃，他仔细地观察病人的症状，询问病人的生活习惯，就像一个侦探一样，不放过任何细节。最后，他竟然从病人日常喝的水中发现了端倪。原来，这个病人饮用的水源被一种特殊的寄生虫污染了。孙思邈对症下药，很快就治好了这个病人的病。此事在当地传开后，大家都对孙思邈钦佩不已，称他为"神医"。

孙思邈在很多病症的治疗方面，都有深厚的经验和独特的创见。例如，孙思邈对营养缺乏病的治疗超过前人。唐代以前的医家面对缺碘引起的甲状腺肿大症状，主张用海藻、昆布一类含碘的植物去治疗，孙思邈则创新出口服动物（鹿或羊）的甲状腺来治疗的办法。又如，孙思邈设计了由十五味药材组成的人参汤，以此治愈因五劳七伤而久病卧床者。再如，孙思邈在治疗热痢方面颇有心得。孙思邈一生曾"二遭热痢"。贞观三年（629），他忽患热痢，三日后"命将欲绝"，他自开一药方煎服，"入口即定",并发现此病"大须慎口味",要"多益黄连"。

孙思邈认为,中医治病最基本、最重要的有两条原则:第一条,讲求整体。中医认为人是一个有机整体,脏腑经络、四肢百骸都是相互联系、相互影响的。所以,中医注重人体与环境的整体性。第二条,辨证施治。中医治病要因人、因时、因地、因症制宜,善抓主要矛盾。

一次,"初唐四杰"之一的卢照邻询问孙思邈治病的道理。孙思邈运用他的哲学观点,就医道与人事做了精湛的论述。

卢照邻问:"名医为什么能治愈疑难的疾病?"

孙思邈回答道:"对天道变化了如指掌的人,必然可以于人事上应用;对人体疾病了解透彻的人,也必须依据天道变化的规律。天有四季,有五行,相互更替,犹似轮转。这是如何运转的呢?天道之气和顺而为雨,愤怒起来便化为风,凝结而成为霜雾,张扬发散就是彩虹。这是天道规律。人的四肢五脏也是如此,昼行夜寝,呼吸精气,吐故纳新。人身之气流注周身而成营气、卫气;彰显于志则显现于气色精神;发于外则为音声,这就是人身的自然规律。阴阳之道,天人相应,人身的阴阳与自然界没什么差别。人身的阴阳失去常度时,人体气血上冲则发热,气血不通则生寒,气血蓄结则生成瘤及赘物,气血下陷则成痈疽;气血狂奔则气喘乏力,气血枯竭则精神衰竭。各种征候都显现在外,气血的变化表现在形貌上,天地不也是如此吗?"

孙思邈告诉卢照邻,若要做良医,应当"胆欲大而心欲小,智欲圆而行欲方"。"胆大"是要如赳赳武夫般自信而有气质;"心小"是要如同在薄冰上行走、在峭壁边落足一样时时小心谨慎;"智圆"是指遇事应灵活机变,不得拘泥,应有制敌先机的能力;"行方"是指不贪名、不夺利,心中自有坦荡天地。这就是孙思邈对于良医的要求。

卢照邻又问:"养性的道理,最重要的是什么呢?"

孙思邈说:"天有满有亏,人世间有许多艰难和困苦。不谨慎行事而能从危难中解脱出来的人,从来也没有过。所以讲求养性的人,自己首先要懂得谨慎。谨慎的人,长期以忧畏为根本。古人说,'人不畏惧灾祸,天就要降灾难给你。'忧畏,是生死的通路、存亡的因由、祸福的根本、吉凶的源头。所以读书人若无忧畏,仁义就不存在;种田的人若无忧畏,粮食就不能增产;做工的人若无忧畏,就没有可以遵循的标准和法则;做买卖的人若无忧畏,经营就不能盈利;当儿子的若无忧畏,孝敬父母亲就不至诚;做父亲的若无忧畏,就不慈爱;为人臣子的若无忧畏,就不能建立功勋;身为君王的若无忧畏,国家就不会安定。养性的人失掉了忧畏,就会心思紊乱、没有条理、行为焦躁、难以自持、神散气越、意迷志摇。如此应该活着的会死,应该存在的会消亡,应该成功的会失败,应该吉利的会遇凶险。忧畏就像水与火一样,一会儿也不能忘掉。人无忧畏,子弟会成为强敌,妻妾会变成仇寇。最重要的是畏道,然后是畏天,其次是畏物,再次是畏人,最后是畏自身。不忘忧畏,就不会被别人限制。在小的事情上谨慎,就不怕大的挫折;戒惧眼前的忧虑,就不会害怕以后的磨难。能懂得这些道理的人,人世间的一切事情就全明白了。"

听完孙思邈的回答,卢照邻对孙思邈肃然起敬。

卢照邻在《病梨树赋》的序言中，对孙思邈赞誉道："思邈高谈道家学说，犹如同古代哲学家庄子；论述佛教经文，犹如天竺国维摩诘大师；精通天文历算，就像汉代的洛下闳和秦代的安期先生。"

2. "诚一代之良医也"

相传，孙思邈治好了长孙皇后的病，被唐太宗封为"药王"之后，穿戴着王袍王冠，辞别了太宗和文武百官，出了京城。谁料开国元勋尉迟敬德对此事不服。

尉迟敬德是位叱咤疆场的战将，他心想：本是一名草医的孙思邈，怎能突然这么显赫？这对我太不公平。我多年来南征北战，东荡西杀，受尽千辛万苦，拼着性命帮着陛下夺来这万里江山，结果只封了个国公。你孙思邈进宫出宫只有几次，不过偶然治好了皇后的病，怎么得到这么大的荣誉？尉迟敬德越想越生气，决定将孙思邈的王袍、王冠夺回。他披甲上马，带领了几个铁甲骑兵，神不知鬼不觉地追赶孙思邈去了。

孙思邈是个有大格局之人。金殿上受封时，他便从尉迟敬德的神色中看出来尉迟敬德明显不服自己被封为"药王"。出了长安城以后，孙思邈想：尉迟敬德性情直爽，战功卓著，他既然对此事不服，多半要追赶来闹事。我不慕名位，现在要回去采药治病了，何不将王袍、王冠脱下，一来避免与尉迟敬德发生矛盾，二来到百姓中去看病也更方便。到了灞桥桥头，他下马到柳荫之下休息，顺便卸去了王冠，脱去了王袍，仍旧穿戴着他平常穿戴的粗布衣帽。

果然，孙思邈正在柳荫下与徒弟休息，只见大路西头尘土飞扬，几个铁甲骑兵向灞桥奔驰而来，为首的正是尉迟敬德。尉迟敬德手执钢鞭，怒发冲冠，可当他看见孙思邈后，望了望孙思邈的穿戴，不由得一怔，立即勒住了马，站在那里不走了。尉迟敬德根本没有想到，孙思邈已经脱去了王袍，卸去了王冠。

"既然如此，我何必再找他寻事呢？"尉迟敬德与随从勒转马头，孙思邈却起身赶到尉迟敬德面前："我早就望见国公了，请国公下马稍停。"他又看了看尉迟敬德的铠甲，问道："请问国公全身披挂，不知是要到哪路征剿？"

尉迟敬德被孙思邈这样一问，不觉一怔，但立即镇定下来。他下了马，走到孙思邈跟前说："我是专门前来追赶先生，想讨要一些灵丹妙药的。"

孙思邈知道他是用这话遮掩，不觉哈哈大笑，紧接着又问道："国公身强力壮，精力充沛，并未患病，不知为何讨要灵丹妙药？"

"孙先生乃是神医，听说先生配有一种金丹能预防各种疾病，我想讨要些这种金丹。"

孙思邈答应了他的要求，从药囊里取出了18丸"八卦如意丹"，交给尉迟敬德，并叮咛道："这些药丸能够强筋壮骨，预防疾病，人畜皆可服用。你回去后要妥善保管，到适当时机再服用。"

后来，尉迟敬德一次长途出征前，将孙思邈送他的那18丸

"八卦如意丹"服了10丸，并把剩下的8丸给他的战马服了。之后的南征北战中，果然人强马壮，没有患过疾病，又为大唐建立了不少战功，受到唐太宗的褒奖。尉迟敬德因此对孙思邈十分敬佩，深感他被封为"药王"当之无愧，后悔自己当初的格局太小、太冲动。

民间还传说，有一天，唐太宗召孙思邈入见，说："朝中有一个人久病，太医束手无策。把先生找来，一方面是因为好久不见，很是想念，另一方面是想请先生为那个人诊治一下。朕说的这个人就是魏徵，他最近不停打嗝，简直说不了完整的话。"

孙思邈稍做思考后，说道："草民愿为魏大人诊治，但是草民有一个请求，望陛下恩准！"

"先生德高望重、医术精湛，先生的请求朕无不照准。"唐太宗说道。

"如果我胡说八道呢？"孙思邈问道。

"朕也照准，您这么做，一定是为了治愈魏徵的病。"唐太宗回答。

于是，孙思邈来到魏徵府邸。魏徵一听说孙思邈来了，就大喊："我病，嗝！要好了！嗝！快请！嗝！"

孙思邈见到魏徵，对他说道："魏大人，打嗝是小毛病，马上就能好，只是你的大麻烦要来了。"

魏徵有些惊愕，问道："有什么麻烦？嗝！"

孙思邈说："草民在陛下那里听说，程咬金把你告了。"

"他告，嗝！我什么？嗝！"魏徵急切地问道。

孙思邈说："他告你私藏李建成的牌位，图谋不轨。"

第四章 炼就"神医"术

魏徵一听这话就急了，十分愤怒，大骂："程咬金，我魏徵哪里对不起你，你竟用这等恶毒手段诬告我！"

"停！魏大人不必再骂了，因为你的病已经好了！"孙思邈说道。这时，魏徵才发现他打嗝的毛病已经完全好了。

孙思邈继续说："治疗打嗝的方法有四种：第一种是饮水治疗；第二种是针灸治疗；第三种是药物治疗；第四种是心理治疗。其中以心理治疗效果最佳。草民在陛下那里听说，太医已经用前三种方法治疗过您，却无效，所以我用了第四种方法。所谓程咬金告发魏大人乃子虚乌有，是草民胡编用以气大人的，还望大人海涵。"

魏徵大喜，说道："先生真神人也，几句话就把我的顽疾治好了。"

旧时在药王山下，曾经有一座石望柱，上刻孙思邈医治常见病的许多土方、单方、验方，叫"石大医"。《长安志》写道："磬玉山下有真人故宅，后为寺。石望柱在静明观西南，漆水东南大道旁。其上刻诸奇方，或曰真人自刻，或曰后人刻之。人过者率抄其方去，病者又率就石柱下寻方，无不立效。州人号为'石大医'。后有人尽抄其方去，因凿其字，后遂失传。后其人卒被雷祸云。"

关于石大医的来历，有种说法是孙思邈隐居药王山后，寻医瞧病的人非常多，孙思邈应接不暇，遂将治疗常见病的方子勒石于大道旁，供一般患者参用。此法收效甚佳。

石大医到底是不是孙思邈刻立的呢？无法考证。不过，当地许多学者倾向于石大医为孙思邈刻立。

3. "能把死人救活"

陕西汉中一带至今还流传着孙思邈在当地治病的一些故事，其中以给妇女和儿童治病的故事最为传神。故事里的孙思邈是半人半神的奇才。这些故事虽然只是民间传说，不是史实，但在一定程度上生动地反映了人们对孙思邈的推崇与想象。

据说孙思邈在陕西行医期间，有段时间"医运"十分糟糕。凡是找他看病的人，都必死无疑。这倒不是因为他医技不行，胡乱治病，而是因为他看病看得太准了。

一次，孙思邈的叔叔在家里修房，因临时需要办一些别的事，就从架木板上跳了下来。正好孙思邈过来看见，大惊失色，说叔叔跳架木板时把肠子震断了，无药可治。果然，时间不长，叔叔就气绝身亡。从此，家乡再没人敢找他看病了。

无奈之下，孙思邈离开家，来到姥姥家，想换个环境改变一下"医运"。他舅舅想帮他的忙，特意找来一种名叫槐角的植物果实，熬成汤洗脸易容。舅舅本意是想改变一下容貌，让外甥把自己当成一个陌生人来看病，只要外甥说自己没啥大毛病，他的"医运"也许就转过来了。不料舅舅刚洗罢脸，孙思邈看见就说："您中了槐角毒，无药可治了，快准备后事吧。"当天晚上，舅舅就命赴黄泉。

安葬了舅舅，孙思邈更加沮丧，弄了一辆独轮车，收拾好行

第四章 炼就"神医"术

李,往中原方向而去,路上再不敢给人家看病。

有一天清早,孙思邈要到远处的一个村子去。从村口经过的时候,他忽然看见路上有一滴一滴的鲜红血点,断断续续一路滴去。他边走边说:"是谁清早受了伤,血流得这么严重啊!"这时,从前边走来一个老头,孙思邈急忙问道:"老伯,你看地上,这是谁受了伤,血怎么流成这个样子?"

"我刚从那边过来,看见几个人抬着用几块木板简单钉成的棺材去埋死人,那个棺材缝里不断向外滴血,这路上的血滴,肯定就是从那个棺材里的死人身上流出来的。"

孙思邈一听老头说是从棺材里的死人身上流出来的血,不由得认真思考起来。他想:人死了,血为什么还是这样鲜红?他根据多年来行医的经验判断,那个人可能还没有死。救人之心驱使他加快了步伐,急急忙忙向前赶去。

孙思邈上气不接下气地走了一里多路,来到了墓地。这时候,埋人的人群已经挖好了墓坑,正要把棺材往墓坑里放。孙思邈大声喊道:"停一下,停一下!棺材里边装的是什么人?是怎么死的?死了多长时间啦?"

墓坑旁边站立着一位十分悲痛的青年农民,他见有人来问死人的情况,便悲伤地说:"这死者是我的女人,她前半夜生孩子,头一胎遇到难产,到后半夜就死了,孩子也没有生下来,你问这做啥?"

"从棺材缝里滴到大路上的鲜血,不像死人的血,你叫大家把棺材放在地边,打开棺盖让我看看,或许她还有点气,能够抢救过来呢。"孙思邈向青年农民说出自己的看法。

人已死去大半夜了，怎么能救活呢？大家都不相信孙思邈的话，还是把棺材往墓坑里放，并立即动手拿锨准备向坑内填土。孙思邈再三向那位青年农民和其他人陈述自己的看法，让大家最好试一试。大家这才住了手，让他试试看。

众人在墓坑里撬开了棺盖，孙思邈跳下去一看，只见里面那位青年妇女大约20多岁，脸色就像黄裱的一样，没有一点血色，面容十分痛苦可怕。孙思邈急忙伸手去摸她的脉搏，果然，这位妇女的脉搏还在微弱地跳动着。

孙思邈轻轻"哦"了一声，很快明白了，妇女这是难产昏迷了。他从包里摸出一根银针，针灸之后，妇女开始动弹，紧接着挣扎起来。之后，她竟在棺材中生下一个男孩来。家属破涕为笑，围观的人也惊喜万分。

孙思邈见产妇流血过多，气血大亏，便开了补气血的药方，吩咐产妇家属："回去以后赶快把药煎给产妇喝，补补气血，好好调理一段时间她就会好的。"

一家人感激得不知说什么好，一齐跪在地上向孙思邈磕头。孙思邈连忙扶起他们说："不要这样，治病救人是我们医生的天职！"

从这之后，"神医能把死人救活"的传说不胫而走，迅速传遍了四面八方，孙思邈的"医运"也日渐好转，找他看病的人络绎不绝。

4. "为啥要用葱白打娃儿"

相传有一年阳春三月,孙思邈到江南一个村子里行医。

村中有个姓杨的妇女,叫杨大嫂。杨大嫂家的儿媳生了一个男孩,但孩子落地后不会哭,全家人急得寝食不安。

孙思邈跟着杨大嫂来到家里,一看婴儿,很是震惊。这个婴儿因肺气阻塞,憋得全身青紫,十分危险。他连忙吩咐杨大嫂:"赶快拿一根剥掉干叶的大葱,端一盆温水来。"

孙思邈镇定地撕了点干净棉花裹在指头上,擦去婴儿嘴上的污血,然后用杨大嫂递来的葱白在婴儿身上抽打,一下,两下,三下……婴儿突然哇哇地哭出声来。

孙思邈将婴儿放在盆里轻轻地搓洗,婴儿的血液循环加快,呼吸功能终于完全恢复了。孙思邈擦干婴儿交给产妇,婴儿在母亲怀里吸起乳汁来。

杨大嫂好奇地问:"孙先生,为啥要用葱白打娃儿?"

"打他是为了让他哭喊,一哭,肺就活动了。婴儿的肌肤很嫩,用硬东西打会打伤。"

杨大嫂一家人感动不已。孙思邈妙手回春的故事传遍了全村上下。

儿科是研究小儿生长、发育、疾病防治等的一门综合性医学。小儿在解剖、生理和病理上有其特殊性,并不是成人的缩影。如在疾病的种类上，成人有五劳、七伤等，而这些病小儿并没有或极少见。古代称儿科为"哑科"，因为幼儿语言不通，难以诉说疾苦，病情变化迅速，稍有不慎，则有不测之祸。

在古代，不少医生嫌妇女病和小儿病难治，不愿治，说什么"宁治十男子，不治一妇人；宁治十妇人，不治一小儿"。孙思邈却认为，没有小孩也就没大人，他严正指出：作为医生讨厌孩子，不肯为他们疗疾是极为错误的行为。

孙思邈冲破世俗偏见的束缚，刻苦钻研儿科，将儿科分为初生、惊痫、客忤、伤寒、杂病等门类。他提出了许多真知灼见，如胎儿出生后大人应把其嘴巴上的污血擦掉；应在婴儿的腋窝、阴部涂上细粉，以防湿疹；喂奶的次数和奶量都应有一定限制，既不能让婴儿饿着，也不要过饱。

孙思邈还提出，小儿幼弱，肌肤不够健康，穿衣不可过多，否则会损害皮肤血脉。在晴朗的天气里，可让奶妈把小儿带到暖和无风处，在阳光下多玩一会儿，使之气血流通，肌肉肥健，增加肌体的抵抗力，以减少疾病。如果让小儿整天关在屋子里，肌肤就会脆弱，容易生病，好比阴湿地方的草木，是不容易生长起来的。

这些育婴方法在今天看来，仍然具有现实指导意义。

孙思邈是我国历史上第一个妇科、儿科专家。在《备急千金要方》中，一开始就是三卷《妇人方》和两卷《少小婴孺方》。孙思邈的著作中关于妇儿的论述很多，在中国医学史上产生了很大影响，宋代陈自明编写的我国第一部完整的妇科专书《妇人大全良方》，就大量引用和借鉴了孙思邈的研究成果。

孙思邈因经历过西魏与北周的社会混乱，懂得百姓之所急所想。除了用很多精力治疗妇人和少儿婴孺的疾患外，他还试着探研孕妇保胎养胎的最佳方法。被人们尊称为"儿科之圣"的宋代钱乙的《小儿药证直诀》，也是在孙思邈著作的基础上创作出来的。

5. "故曰'阿是穴'也"

孙思邈在中医针灸学方面也有重要贡献，他发明了"阿是穴"的概念。

孙思邈写道："阿是之法，言人有病痛，即令捏其上，若里当其处，不问孔穴，即得便快成痛处，即云阿是，灸刺皆验，故曰'阿是穴'也。"

虽说在《黄帝内经》中，就有"以痛为腧"的记载，但该书并没有详细阐明方法。孙思邈的记述，是关于"阿是穴"临床应用的最早记载。

"阿是穴"穴位是变动的，它是孙思邈多年来为病人针灸的实践中发现的，后世将阿是穴称为"天应穴""不定穴""压疼点"，至今依然广泛应用在临床医学之中。

关于"阿是穴"的发现过程，民间广泛流传的有两个版本。

第一个版本是这样的：

传说终南山里有一位老猎人患了脚疼病，病发时疼痛难忍。他多方求医无效，发愁自己后半辈子不能上山打猎，该怎样维持生活。

有一天，老猎人在村头路边听人说长安城有个医生叫孙思邈，这个人号称药王，不但医术高明，而且善良友爱，他给穷苦人治病，分文不收。这位猎人就带了一些珍藏多年的鹿茸、虎皮等前来长安求医。他来到长安一打听，说是孙思邈回华原五台山原籍去了。老猎人治病心切，又来到五台山。他正行走时，迎面走来一位四十开外的中年人。这个中年人见老猎人行走不便，就关切地说："老人家，你的右腿有病吧？请到敝舍歇息片刻。"

老猎人见这人虽貌不出众，但一副慈祥和善的样子，衣服穿得整齐洁净，就回答说："谢谢先生的好意。我从终南山来到华原，是想求药王治病，请先生指点药王府上所在，老汉感谢不尽。"

"药王名叫孙思邈，有家无府，他不过是个云游四海采药看病的云游郎中，只要你让人给他捎个口信，他自会上门治病的，何劳老人家远道来寻？"那人说。

老猎人见此人贬低药王，有些生气，情绪激动，口出粗话，甚至想动手打他耳光。孙思邈见状，不得已承认了自己就是孙思邈，并将老猎人搀扶到自己家里。

老猎人心里的一块石头顿时落下了。在孙思邈家里住下后，孙思邈每天给他服药、扎针，精心治疗了将近半月，病却不见好转。老猎人认为自己得了不治之病，要告辞回山。孙思邈见老猎人要走十分着急，他劝告老猎人再住半月，决心要给老猎人把病治好。

他想，半月来给老猎人吃的是一般的舒筋止痛汤，扎针的穴位都是十四经内的穴位,但毫无疗效。是不是可以超出十四经的穴位,另寻新穴位试试呢?他又担心扎新穴位会出危险,怕治坏了老猎人,就先在自己身上试扎了数次。之后,他请老猎人躺在土坑上,手指在老猎人腿上一分一寸地掐试针穴,并不停地问道:"这里疼不疼?是不是这里疼?"

老猎人不断地回答:"不是,不是……"

当他掐试到三阴交穴上方的一个部位时,老猎人突然大叫道:"啊,是!"孙思邈一面掐住这个疼点,一面思索着这个部位在自己身上试针的针感,肯定了这里不是扎针的危险区,而且针感极佳,于是毫不犹豫地把一根细长的银针扎入这个穴位。过了一会儿,老猎人便呼吸均匀,腿疼减轻了。因为疗效显著,孙思邈记下了这个新穴位。

谁知第二天孙思邈再在那个穴位上扎针时,又不起作用了。孙思邈就运用掐试法,又找到了一个疼痛点。就这样,扎了七天针,换了五个穴位,老猎人的腿疼病终于痊愈了。老猎人万分高兴,临走时拿出带来的鹿茸、虎皮、麝香等珍贵礼品,送给孙思邈表示感谢。

孙思邈婉言谢绝说:"治病救人乃是医家本分,我怎能收你这样的厚礼呢?请老人家还是带回去吧!"

孙思邈送走老猎人后,想给这个新发现的穴位起个名字。想啊,想啊,怎么也想不出一个合适的名字。他想起最初在老猎人身上找到这个穴位时,老猎人喊了声:"啊,是!"于是就给这个经外奇穴起名叫"阿是穴"。

另一个版本的传说为:

距药王山40里有一个村庄叫青石村,村里有位名叫陈老大的中年汉子,不幸患上了风痛病,请遍了附近的郎中吃药扎针,就是止不住疼,疼得喊爹叫娘,有气无力。家人于是请孙思邈给他治病。孙思邈长途跋涉来到青石村,见到了病人陈老大。

陈老大躺在席子上昏迷不醒,已经到了奄奄一息的地步。经孙思邈的抢救,陈老大终于在半夜里清醒了过来。孙思邈叫陈老大别动,对他说:"只要止住了疼,再吃几副汤药,病就会好。"说着,他给病人扎了止疼针。

针拔出来了,陈老大还是疼得直发抖。孙思邈另选穴位,又扎了针,仍然没有效验。他扎着一个又一个古书记载的能止疼的穴位;最后,能用的穴位都扎过了,疼还是没有止住。

怎么办?孙思邈一时想不出办法来。

"哎哟……哎哟!"陈老大呻吟着。这声音像支箭一样穿过孙思邈的心,他想:要是减轻不了病人的痛苦,我还算什么医生呢!他又想:针灸穴位难道只有古书中写的那些,就没有别的吗?

孙思邈又考虑了一阵,问陈老大哪儿最疼。陈老大想指一下,但是稍微一动弹,疼痛就加剧,只能虚弱地说:"左、左、左……腿。"孙思邈用手指在病人左腿上按着,边按边问:"是不是这儿?"陈老大摇了摇头。孙思邈耐心地又按了好几处,陈老大一直摇头。直到他按到腿关节右上一个部位时,陈老大突然说:"啊,是,是这儿。"

孙思邈将针扎了下去,陈老大的表情渐渐舒展了,他抹了抹头上的汗珠说:"先生,您这一针真神呀,针一进,我浑身一麻,就不那么疼啦。"他抬头瞧了瞧扎针的部位,好奇地问:"这叫啥穴呀?以前给我看病的医生从来没有在这儿扎过针。"

孙思邈笑了,额上的皱纹展开了,眼睛笑得眯成了两条缝,乐呵呵地说:"你刚才不是说'阿是'吗?叫'阿是穴'好了。这种疼点在哪儿就在哪儿扎针的办法,再试几次后,我就把它写进我的那本书里。"

6. "我闯进麻风村了"

麻风病是一种慢性传染病,中国是世界上很早就认识麻风病的国家之一,古人曾称其为恶疾之首。

在古代,大凡乡里或城里发现麻风病患者,常常立即就地杀害,家人不得阻拦,否则连家人一道严厉处置。慈善一点儿的做法,则是将麻风病患者送出城外,远至山林,不得下山,至于患者是死是活,听天由命。麻风病患者们同病相怜,有的聚居,有的散居。聚众而居者,多择址于深山老林,其聚居之所,规模不等,被人们统称为"麻风村"。为防止他们下山,附近村民保持高度警惕,轮流守着,一旦见到有病人下山,打死勿论。

孙思邈在《备急千金要方》中,有一段关于恶疾大风的描述:

"恶疾大风,有多种不同。初得虽遍体无异,而眉发已落;有遍体已坏,而眉须俨然;有诸处不异好人,而四肢腹背有顽处;重者手足十指已有堕落。有患大寒而重衣不暖;有寻常患热，不能暂凉；有身体枯槁者；有津汁常不止者；有身体干痒彻骨，搔之白皮如麸，手下作疮者；有疮痍荼毒，重叠而生，昼夜苦痛不已者；有直置顽钝，不知痛痒者。其色亦有多种，有青、黄、赤、白、黑，光明枯暗。"

书里写的恶疾大风，就是人们俗称的"麻风病"，读起来令人触目惊心。

从古至今，人类遭遇过无数的传染性疾病。麻风无疑是其中令人闻之色变的一种。很长时间里，这种传染病被称为"不治之症"。

麻风病是由麻风杆菌引起的一种慢性接触性传染病，主要侵犯人体皮肤和神经，如果不治疗可引起皮肤、神经、四肢和眼的永久性损害。麻风病历史悠久、分布广泛，给流行区的百姓带来深重灾难。在中医古籍中，此病曾经有过"厉""疠""大风""恶疾大风""癞""风癞""天刑"等名称。"麻风"一名来自明代医学家张景岳，他称此病为"大麻风"。《景岳全书》云："疠风即大风也，又谓之癞风，俗又名为'大麻风'"[①]。

麻风病在世界范围内曾是一种常见病，感染这种病后要过二至七年才会发病。其实，麻风病人经过治疗能完全康复，在世界上许多地方，麻风病不能被治愈的原因主要是没钱或缺乏药物。

在历史上，孙思邈曾与诸多麻风病患者有过密切接触，有的还是近距离观察，所以对他们的病相及举止了如指掌。

相传，孙思邈首次与麻风病患者打交道纯属偶然。

---

① 孙继芬主编：《黄河医话》北京科学技术出版社，2015，第456页。

第四章 炼就"神医"术

秋日的一天，孙思邈沿着山路去为村民们出诊，可能是因为连日来没有休息好，太累了，他脑子迷糊，竟走岔了路。

他在秦岭腹地绕来绕去，顺着一条崎岖小道不时攀爬，直至听见前面传出一阵喧嚣。他不知此为何地，便爬上高坡观察，却见坡下有一山寨，房屋皆由粗木胡乱搭成，四壁透风，极为简陋，朝向也乱七八糟。寨前空坪上聚着一群山民，穿着稀奇古怪，就像一群原始人，有人裸着上身，有人裹着树叶。其中一人手握一柄木叉，正领着大家边兜圈子边大声嚷叫，其余人亦显得相当激愤。孙思邈不禁好奇，于是他借着树林做掩护，与山寨靠得更近了点儿。

众人围着的圈子中间，有一堆垛得老高的树枝，树枝中间立着一个用绳子缚着的圆桶形物体，上下被麦秸裹着。人们从"圆桶"跟前经过，都会狠踢它一脚。领头者还挥动木叉，对它猛捅了一下。

孙思邈感到很奇怪，便潜步移近想仔细看看。靠近时他才发现，那"圆桶"竟然是个活物。

孙思邈大为惊骇，吓得不敢再看。他几次产生营救的冲动，最终没敢往前挪步，自知过去后只能送死。

山风刮起，柴草的灰烬与骨灰被扬上天去。

天色渐暗，孙思邈跪得两腿发麻，左腿不知在哪儿受了伤，疼得厉害。出山已不可能，孙思邈走到村外河边，择一干燥处坐下。实在太渴，便弯腰掬几捧河水喝下。他找到一个草丛，放倒身子睡下……

孙思邈醒来时，已是太阳当头。回想昨日所见之场景，他不觉背脊发冷，忙背上行囊，寻路离去。

出山后，经过一个村子路口，他突然遭人盘问。孙思邈不知何意，告诉他们自己因迷路经过此处，打听往下该如何行走。

"你是从麻风村来的？"盘查者圆睁怪眼。

"麻风村？啥意思？"孙思邈一时没反应过来。

"来了一个麻风村的，快抓！"盘问者不再多问，拿一块白布蒙住自己的口鼻，随即取下旁边树上的小铜锣，使出全身力气猛敲，同时尖着嗓子大叫大喊。

"麻风村？不是，我不是！"孙思邈有点儿明白了，赶忙争辩。

慌忙中，孙思邈急中生智，转身掉头，又往山上跑。

这一来他才安全了，村民们果然不再追赶。

孙思邈这才明白，村民们的防御对象，是聚居在"麻风村"的不幸者。

"我闯进麻风村了？"回过神来，孙思邈不由得倒抽了一口凉气。他苦思一番，最后决定先找僻静处待上一段时间。如果自己真的被传染上了病，就自认倒霉，这辈子就在山里待着好了；如果没有被传染上，就要想出办法治疗这些麻风病人。

虽然孙思邈是这么想的，真正行动起来却是异常艰难。主要是麻风病不同于常见病，是种罕见的疑难病种，患者是极特殊的一群人，众多医家都不敢接触。孙思邈检索所读医药书籍，皆无良方。

静夜，孙思邈在枯灯下思索：这恶风既为大毒，得以毒攻毒。作为医者，自己必须要有这个能力、担负起这个责任，否则

第四章 炼就"神医"术

这么多患者只能等死啊！

待有了足够准备，孙思邈决心主动探访麻风村患者。

秦岭里的麻风村不止一处。孙思邈凭着记忆，重新绕道入山，返回曾经误入的那个寨子。这次去的目的非常简单，就是想给麻风村的人治病。

走近麻风村后，孙思邈才了解到，麻风村的村民少有耕作的，大多指望附近善心人送些食物来。善心人既要行善，还需自护，将食物放在距村口三五里远的固定地点，做个标记，让患者自取，这样彼此都不接触。至于药草，则几乎没人送来，因为谁也不知该用何种药物治疗麻风，更不相信可以治好。

"不管怎样，都要努力试一试。"孙思邈在心里激励自己。

他在距麻风村最近的一个山村住下，盖了一间茅棚，再参照古人的解毒之方配药。为筹措药资，他利用下山行医的机会，向家境宽裕者收点儿钱米，积攒下来，慢慢有些结余；同时，他上山采挖新鲜药草，与所购药品配合使用。

孙思邈究竟是如何与麻风病患者近距离接触、精心疗救的，史书中缺乏详细记录，只记载孙思邈曾照顾过600余个麻风病患者。

那些年，孙思邈在秦岭、巴山之间不辞劳苦地采药治病，解救重危病患，对收治的麻风病人"莫不一一亲自抚养"；即使对那些因满身疥疮而"臭秽不可瞻视，人所恶见"的病人，孙思邈也耐心诊疗。最终，他治愈了60多名麻风病人。

7. "仙丹竟有这等功效"

孙思邈自述年轻时的经历时，曾说自己"早慕方技"，道出自己早年兴致所在，接着才说"长崇医道"。透过这短短几字，可看出孙思邈从医经历中一个重大转变。

在古代，所谓"方技"，范围很广，包括丹术、符咒等。其中，炼丹乃道家传统业术，是养生的重要手段。孙思邈既然为医，自然绕不开丹术，他也确实曾尝试炼丹。

相传，孙思邈炼丹，与听了一位道人的布道有关。

一日，孙思邈去一个道观，欲与道友交流游走天下的见闻，同时学些新的医疗术方。交谈间，忽闻门外有喧嚷之声，孙思邈立于一旁，静候对方步入内殿。

来者穿一身橘色道袍，蹬一双紫色软靴，戴一顶皂色帽，摇一柄羽毛团扇。孙思邈悄声问身旁道友对方是何身份，道友附耳答曰："是嵩山黄道长。"

黄道长在道观中布道时，孙思邈怀着崇敬之心聆听他所述的炼丹之法。黄道长称："金玉留存九窍，则死人为之不朽。盐卤沾于肌髓，则脯蜡为之不烂。况此宜身益命之物，纳之于己，自能令人长生。"孙思邈对此将信将疑：仙丹真有这等功效？！

待黄道长布道已毕，众徒皆散，孙思邈主动上前施礼，问道："敢问道长，人间果真能炼出仙丹吗？"

第四章 炼就"神医"术

"当然,这还用得着怀疑?"黄道长边走边说。

"敢问道长,炼丹原料如何准备?"孙思邈问。

"上品之丹,须用铅、砂、铜、云母、汞、水银等。"

几天之后,孙思邈便攀上秦岭最高处的太白山,择一平地,按照嵩山黄道长所授办法,开始炼丹。

苦熬若干日子,孙思邈总算炼出一些东西。为探得个中奥秘,每炼出一种丹丸,他都会亲自品尝,以辨其味,以究其效。然而,这些东西吃进肚里常使他恶心呕吐,不思五谷,几年下来,他不仅体重减轻了许多,肠胃还损坏得厉害。

经过这番亲验,孙思邈得出结论:"丹石药丸并非万能,更非长生不老之药。"

现今太白山深处,有多处石窟和洼地与孙思邈的名字联系在一起,其中有一处叫"炼丹窟",相传便是孙思邈当年炼丹处。

随着年纪增长,孙思邈的兴趣有所转移,不再专注方技,开始以研究医道为主。对于丹药,则重在治疗其服食后的后遗症。

这段炼丹的经历中,孙思邈的一大贡献,是记录了全世界最早的火药配方。

火药是中国古代的一大发明,也是中华民族献给全人类的一份厚礼。作为火药配方的最早记述者,孙思邈不但在中国医学史上闻名遐迩,而且在化学史上享有一定地位。

古人炼丹大多是为长生不老,这种目的自然无法实现,但他们在炼丹中发现的许多新东西却是很有价值的。炼丹家们制造了许多药物,虽然不能使人长生不死,但有些可以用于治疗疾病,尤其是外科病。某种意义上,炼丹可以被看作一种化学制药法。

此法的出现，有力地推动了药物学的发展。这就是为什么孙思邈一度热衷炼丹。

8. "脚气病是一种'风毒'"

贞观六年（332），孙思邈已经91岁高龄了，但他仍然认为自己学有所缺，不熟悉中国南方的时疫及药方，于是决计离开长安，去四川探个究竟。

此时的孙思邈虽然年纪高迈，但身板依然硬朗，精神面貌和同龄的老人迥然有异，相当于一般人五六十岁的样子。他不畏艰险，毅然成行，翻越秦岭，到了今天的四川省一带。

孙思邈这次南下，有两方面的考虑：

一方面，他想扩大自己的行医范围。从现存的文献看，孙思邈的行医足迹在此之前，除到过今天的四川省通江县以外，没有出过陕西地界。孙思邈想游历更多的地方，了解更多情况，打破自己的局限性。

另一方面，他可能是想到南方向别人求教某种知识。他在《备急千金要方·自序》中写道："至于切脉诊候，采药合和，服饵节度，将息避慎，一事长于己者，不远千里，伏膺取决。"这段话可能就是此次入蜀时写的。今天虽然无法考证他南下求教的对象是谁，但后来的情况表明，南下后的孙思邈视野更加开阔，丰富了行医采药的经验，补上了他行医史上重要的一课。从此，他成为兼治南北诸病的医药圣手。

第四章 炼就"神医"术

据《备急千金要方》记载，孙思邈南下后，曾在江州为江都王治过脚气病。

孙思邈到江州时，江都王已病到如此地步："脚弱疼痹，或不遂。下焦虚冷，胸中微有客热，心虚惊悸不得眠，食少失气味。日夜数过心烦，迫不得卧，小便不利，又时复下。"孙思邈用"增损肾沥汤"为他治疗，终于使他痊愈。

江都王得的病是脚气。古代的脚气病又称软脚病，晋以前无"脚气"之名，《黄帝内经》中的痹、痿、蹷等病，汉代的"缓中"，三国时的"流肿"，其中可能包含脚气。晋代葛洪最先记载"脚气"，他说："脚气之病，先起岭南，稍来江东。"一般认为脚气病的成因是过量食用精米，其流行区与我国当时种植水稻、以米饭为主食的地区完全一致。

孙思邈对脚气病的流行情况有精辟的论述，他说：

"考诸经方，往往有脚弱之论，而古人少有此疾。自永嘉南渡，衣缨士人，多有遭者。岭表江东，有支法存、仰道人等，并留意经方，偏善斯术，晋朝仕望，多获全济，莫不由此二公。又宋齐之间，有释门深师师道人、述法存等诸家旧方为三十卷，其脚弱一方近百余首。魏、周之代，盖无此病，所以姚公《集验》殊不殷勤，徐王撰录未以为意……是以关西、河北不识此疾。自圣唐开辟六合，无外南极之地，襟带是重，爪牙之寄，坐镇于彼，不习水土，往者皆遭。近来中国士大夫虽不涉江表，亦有居然而患之者。良由今代天下风气混同，物类齐等所致之耳……"

孙思邈认为，中国的脚气病是在永嘉南渡后大量出现的。永嘉五年（311）刘聪攻陷洛阳，中原士族大批南迁，晋元帝在南京建立东晋政权。南迁到江东的士族患脚气病者甚多，而北方的北魏、北周则甚少有发病的。唐朝开国以后，不仅经略江南的官员多遭脚气，不涉江表的士大夫也有不少患此病的，其原因是食米区扩大了。隋唐之际，随着大运河的打通，南方的稻米进入中原，长安上层社会食米之人增多，患脚气者日增。

孙思邈认为，脚气病是一种"风毒"。

孙思邈提出了脚气病正确的治疗和预防方法。现代医学证明，脚气病是人体内缺少维生素B引起的。孙思邈虽然不可能具有这种知识，但他正确地使用在今天看来含有丰富维生素B的防风、蜀椒、吴茱萸等药物医治此病，还提出用含维生素B的谷糠和谷皮（楮树皮）熬汤喝，以预防脚气病。

孙思邈通过深入研究，在医治脚气病方面积累了丰富的经验。

孙思邈记载了这样一个病例：

有一个人患了脚气病，自己却不知道，后来又得了新病，新病好后他一直呕吐，接着双脚变得软弱无力。此人请孙思邈治疗，孙思邈认为是脚气病，此人不相信，说："脚气病病人的脚都会肿，可是我的脚不肿，你凭什么说是脚气病呢？"因而拒绝服药。他另请其他医生治疗，此医生误诊为别的病，改变了治疗方法，结果不到十天这个人就死了。

孙思邈指出："脚气不得一向以肿为候，亦有肿者，有不肿者。其以小腹顽痹不仁者，脚多不肿。小腹顽后不过三五日，即令人呕吐者，名'脚气入心'，如此者死在旦夕。凡脚气到心难治。"

孙思邈之前，我国虽然已经有人提到过脚气病，但记述粗略，亦无医治及预防良法。欧洲直到1642年才论及脚气病，比孙思邈整整晚了1000年。孙思邈是中国也是世界上第一个论述如何治疗脚气病的大医。

9. "巫神怎么会真的能治病呢"

孙思邈在晚年，对古老的"祝由术"产生了浓厚的兴趣。

"祝由"，最早出自《黄帝内经》中的《素问·移精变气论》。祝由术指的是有疾病的人对上天祝告其所患疾病，以求治愈，与现代的心理疗法相仿。

相传早在黄帝时代，就有专门以祝由术治病的医生。《黄帝内经·素问》中云："闻古之治病，惟其移精变气，可祝由而已。"咒禁是祝由术的一种，"咒"即"祝由"二字的合音。秦汉魏晋时期，祝由咒禁由方术成长为一个专科。隋唐两代的太医署都设有咒禁科，有咒禁博士、师、工、生等编制。到了清代，太医院里依然设有祝由科。

在孙思邈的年代，人们普遍迷信鬼神，一旦生了病，就认为是鬼神在作祟。当时在民间有许多咒禁师，一些人患病后不请医生治疗，却找这些人来驱鬼。咒禁师针对患者的病情，举行一定的仪式，念诵咒语。孙思邈也曾受到祝由术一定的影响。

相传唐代时，在蕲州（今湖北蕲春）有许多人患了癫狂病，医生治疗往往疗效不佳，可这病遇到巫医，却是治一个好一个。

因此，人们大多"信巫不信医"。

这天，孙思邈被蕲州刺史邀请去赴宴。他的徒弟黄忠厚和赵月梅看师父不在，便琢磨道："这里的人不信医生，只信巫医，可巫医只会画符念咒，装神弄鬼，为什么能治好病呢？这里面有什么名堂？"

师兄妹两人想探出巫医的秘密，就商量了一个办法。黄忠厚和赵月梅装扮成夫妻，到一个偏僻街巷的小店租了房间。之后，赵月梅愁容满面地找到巫医，说自己丈夫的癫狂病突然发作。巫医急忙随她来到小店住房，只见黄忠厚披头散发，满脸泥污，躺在地上，说着疯话。

黄忠厚见巫医来到，提高了嗓门大声道："我是玉皇大帝的女婿，老丈人让我统带天兵天将下凡，扫荡妖魔鬼怪……"巫医一看，这个人果然疯了，就点上火把，撒松香，竖起桃木棒，准备驱"鬼"。

巫医端了一碗净水放在桌子上，拿起一张画好的符，嘴里念念有词，正要点火烧符。黄忠厚早有准备，"嗖"地跳起来，一把抢过符纸，抬腿一脚把巫医踢出门外，嘴里还骂道："我是玉皇大帝的女婿，哪里来的妖道胆敢如此无礼？你这个老东西！"巫医被踢倒在地，刚爬起来，门已关紧。他叫了半天没人理，只好自认倒霉回家去了。

黄忠厚和赵月梅先各自把那碗水喝了一口，什么味也没有，确实是碗净水。再看看符纸，也没什么稀奇的。两人反复琢磨道："这不治病啊！"

最后，赵月梅说："还是请师父来判定吧！"她随即出门去请孙思邈。

孙思邈赴宴归来，不见两位徒弟，正在着急，忽听赵月梅急切地叫了一声"师父！"

"怎么？出了什么事？"孙思邈惊奇地问道。

赵月梅把刚刚发生的事情全部告诉了孙思邈。孙思邈随赵月梅来到小店，仔细观察，盯住画符上的朱砂，用手指着说："莫非是它能治病？"师兄妹俩你看看我，我看看你，望望孙思邈那沉着而又坚定的眼神，都把目光集中到了画符的朱砂上。第二天，他们把一个得了癫狂病的病人找来，把一点朱砂放在水里给病人喝。那人喝了以后，没过几天，病情果然好转了。从此，师兄妹俩明白了，所谓巫医"驱鬼"能治癫狂病，其实是由于符上的朱砂有药性。

朱砂又称辰砂、丹砂、赤丹、汞沙，是硫化汞的天然矿石，大红色，有金属光泽。中医认为，它具有清心镇惊、安神解毒的功效，可用于心悸易惊、失眠多梦、癫痫发狂、小儿惊风、视物昏花、口疮、喉痹、疮疡肿毒等症状的治疗。

孙思邈在其晚年时，陆续搜集了大量咒语。他在编写《千金翼方》时，将其编为22篇，分上下两卷，叫作《禁经》。

孙思邈认为，咒禁师不是任何人想当就可以当得了的，其举止、表情、谈吐都有严格的要求，必须遵守戒律。这种治疗方法，就其内核而言，是古代的一种暗示疗法。暗示疗法，是指医生运用语言、行为等方式，诱导病人无形中接受某种"暗示"，从而改变其情志和行为，以达到预防和治疗的效果，是一种精神治疗法。我国古代医生擅长此法者不乏其人。

有学者认为:"孙思邈采猎、搜集禁咒祝由方术,并通过实践验证诉诸文字,作为一种疗法推广,曾起过一定作用。毕竟这是一种古老的疗法,具有浓厚的神秘色彩,有些内容属于糟粕,理当抛弃。从文化现象来看,禁咒祝由疗法有效也有限,不可以包医百病,然而对一些疾患也确实有一定疗效,甚至奇效。研究《千金方》禁经的目的,不在于机械地效仿古人,而在于拂去沉积在'禁咒祝由'疗法上的历史尘埃,揭去其神秘的面纱,还其本来面目,并通过科学的改造,对于医疗保健有其辅助作用。"

10. "以毒攻毒"

传说陕西渭南东关有个名叫王志清的老汉,中年丧妻,守着19岁的独生女儿过日子。这姑娘长得如花似玉,名叫葡萄,自幼和东村表兄赵守仁定亲。

一日,赵守仁来县城采买,因天气突变,大雨倾盆,遂到王家避雨。王葡萄十分高兴,到厨房给未婚夫做了一碗葱花荷包鸡蛋面,端到堂前桌面上。因天气炎热,赵守仁嫌烫口,葡萄就把面端到房檐下的茶几上晾凉。哪晓得晾凉后,赵守仁刚刚将一碗面条吃完,就觉得胸闷气短,竟一头栽倒在地上,人事不知。这下急坏了王葡萄,她哭天喊地。

赵守仁的父亲听说儿子出了事,跑到县衙去告王家的状,说王志清父女嫌弃他儿子,要下药毒死他儿子。

此时,渭南的县令不是别人,正是孙思邈之子孙行。

孙行深思了一会儿,吩咐传来王葡萄。王葡萄哽咽着把事情发生的详细经过说了一遍,求孙大人明断。孙行听后急得抓头,不晓得这个案子该如何断。正巧孙思邈从华山去长安,途经渭南,顺道看他儿子孙行,听说此案,特来现场旁观。孙行大喜,急忙上前请药王父亲帮助他搞清赵守仁到底是中毒还是发了急症。

孙思邈听完儿子的介绍,感到这件事严重,意识到自身的责任。他把赵守仁发病的经过一问,感到赵守仁病得蹊跷。他又把赵守仁的脉一按,心里一惊:是中毒呀!这是人命关天的事,他决定先搞清楚赵守仁是怎么中毒的,把人救活再说。

孙思邈立即叫王葡萄原样做了一碗热乎乎的葱花荷包鸡蛋面,照原样放在房檐下的茶几上晾着。屋里的人都走光了,只有孙思邈躲在旮旯里。那茶几上的葱花荷包鸡蛋面热气直往上冒,不一会儿,屋檐上发出吱吱的响声来。接着,一条茶碗粗的蛇伸出头来,看样子想下来又下不来,只是把身子缠在椽头上,嘴巴一张一合,像是在吸那碗面冒出的热气,从蛇嘴滴下的一滴滴涎水正好掉到碗里。孙思邈一下就明白了赵守仁中毒的原因,高兴得"啊"了一声。那蛇听到人的声音,掉转头钻进房檐的洞里去了。

孙思邈搞清了赵守仁中毒的原因,当即开了急救处方,对症下药解了毒,赵守仁得救了。王、赵两家都很感谢孙思邈救活了亲人,年轻的知县孙行也感激父亲帮他断了一个奇案。全县老百姓知道了这件事,都称赞孙思邈名不虚传。

孙思邈是中国古代全面系统开创论述毒理学的第一人,他认为毒是危害人类生命健康的重要因素。

孙思邈在《备急千金要方》卷二十四专门列出《解毒杂治方》，首列《解毒第一》，其中有论一首、方三十九首；《解百毒第二》，其中有论一首、解毒二十八条、方十二首；《解五石毒第三》，其中有论三百、方三十五首、证二十八条；《蛊毒第四》，其中有论一首、方二十首等。卷二十五《备急》中，还有相关的论六首、方一百三十三首、灸法二首。此外，他专列出了蛇、虎、蝎、蜂、蠼螋、射工、沙虱、蛭、水毒、猫鬼、马咬、蜘蛛、犬、狂犬等各种毒证，一一做了详尽方论，一毒多方。

在《千金翼方·杂病下》中，孙思邈又记载了治疗诸恶毒气病、毒气猫鬼所著、毒疰相染、蛊毒邪气、南方百毒、瘴气疫毒、暴风毒肿等的药方，还介绍了"蛊毒""药毒""从高堕下""金疮""箭在肉中不出""刀斧伤""弓弩所中方""中药箭解毒""沙虱"等的方论治法。其《海上方》中也有果毒、解酒、犬伤、蛇伤、蜈蚣、蝎伤、鼠伤、刺毒肿瘤、破伤风等的治法。

《备急千金要方》记载，孙思邈在"以毒攻毒"之指导思想下，曾大胆将脓汁接种于患者皮下，以治愈多发性化脓性感染的疖病，以此来防治疣、疵。这是一种原始而简单的疗法。

11. "巧取箭头"与"葱叶导尿"

在隋末唐初的战乱中,孙思邈参与了伤病员的救治工作,在抢救伤员的过程中积累了丰富的伤科医疗经验。

孙思邈在《千金翼方·杂病下》里,曾记载自己给一位军人治疗箭伤的经过:

"正观中,有功臣远征,被流矢中其背上,矢入四寸,举天下名手出之不得,遂留在肉中。不妨行坐,而常有脓出不止。永徽元年秋,令余诊看,余为处之瞿麦丸方……酒服十丸,日二。稍稍加至二十丸,以知为度,忌猪鱼生冷等,可直断口味。凡箭镞及折刺入身中,四体皆急。当合此药服之,令四体皆缓,缓则其镞必自跳出。余常教服此药与断肉,遂日日渐瘦,其镞遂跳出一寸,戴衣不得行,因即错却,乃得行动。已觉四体大缓,不比寻常。终冬至春,其镞不拔自然而落,取而量之,犹得三寸半。是以身必须断口味令瘦,肉缓刺则自出矣。故以记之。"

文中的正观即贞观,是唐太宗的年号。永徽,是唐高宗的年号。"错却"即凿折。孙思邈所说的瞿麦丸是由瞿麦、雄黄等14味药制成的。以上这个医案传入民间后,被改编为故事《巧取箭头》,流传甚广。

此外,孙思邈在《千金要方》一书的《被打第三》中,编入了关于折伤的一篇医论和46个医方,在同书的《火疗第四(金疮、毒矢）》中编入一篇医论和47个医方。连同《千金翼方》中收录的外科方剂一起算，两书共收载了有关伤科的两篇医论和138个医方。

有学者认为，孙思邈对伤科的贡献主要在三个方面。

一是在内伤的治疗方面，对瘀血攻心、脏腑内伤、折伤瘀血提出了适当的治疗方法。

二是对开放性创伤与开放性骨折提出了许多治疗方法。例如，他提出了世界上最早的阴囊缝合术："治马啮人阴卵脱出方：推纳入，以桑皮细作线缝之，破乌鸡取肝，细锉以封之，且忍勿小便，即愈。"他介绍了一些接骨药物，如在"治被伤筋绝方"中说："取蟹头中脑及足中髓，熬之，纳疮中，筋即续生。"他提出了用药物防止伤口感染的方法："治金疮者，无大小冬夏，及始初伤血出，便以石灰厚傅裹之，既止痛，又速愈。无石灰，灰亦可用。"他记载了一些洗涤伤口的常用药物，如葱白、薤白、黄连、蒲公英、雄黄、地榆等。他还提出了治疗骨折的固定法。

三是记载了以按摩来恢复功能的治疗方法。孙思邈在《备急千金要方》里，介绍了从天竺国（古印度）传入的按摩法和中国原有的老子按摩法。这些按摩法可以概括为两大类，其一是练功能的，如托、顿（顿手、顿足）、挽（弯曲腰背）；其二是按摩的，如擦、捻、抱、推、打、捺。孙思邈将骨折固定法和练功活动、按摩三者结合起来，从而奠定了中医骨折治疗中动静结合的原则。

孙思邈不仅在骨科、外伤救治方面有绝招，在泌尿外科方面也有创新发明。他创新了"葱管导尿术"。

相传某年初夏的一个下午,有个面色苍白、精神萎靡的病人上了五台山,走进孙思邈的住宅。孙思邈外出行医去了,他的大徒弟连忙叫病人坐下,问道:"您哪儿不舒服?"病人呻吟了几声说:"前天,我生了一种怪病,突然不能小便啦,直到今天仍然排不出一滴尿来,真难受。"

大徒弟给病人切了脉说:"你的病叫癃闭,不要紧,我会治好的。"

大徒弟叫病人解开衣服躺在床上,在病人肚脐下面的关元穴扎了一针。他曾经亲眼见过,师父在医治一位癃闭病人时,在这儿扎了一针就解决了问题。

奇怪的是,他扎后一点效验也没有。

他想:既然扎针不灵,那么,就给病人服导尿药吧。他配了"五苓散"给病人服用,可是病人服后,仍然不起作用。

大徒弟再也想不出一点办法了。他安慰病人:"我师父明天就会回来的,今天晚上你就住在这儿吧。"

第二天,孙思邈回来了。病人一见他,就指着自己那已经胀得圆鼓鼓的肚子说:"救救我吧。"

孙思邈向大徒弟仔细询问了医治经过后,便叫大徒弟去做饭。

孙思邈想道:尿流不出来,怕是管排尿的口子失灵了,如果用根管子插进尿道,尿或许能够排出来。可是,到哪儿去找又细又软、可以插进尿道的管子呢?——这真是一大难题!

这时候,大徒弟在菜园里拔了几根葱,朝厨房走来。孙思邈见了，灵机一动，有了个好办法。他要来一根葱，掐下一片葱叶，剪去尖尖，小心翼翼地插进病人的尿道，用嘴吹了口气，很快，尿不断外流，病人的肚子慢慢地不觉得胀了。

病人十分感激孙思邈，一再道谢。

世界上最早的导尿术——葱叶导尿，就这样由孙思邈发明了。

第五章 问鼎千金方

《千金方》包含内外科、妇儿科、五官科、皮肤科、急救、食疗、养生、气功、按摩等丰富的医学内容，涉及许多自然科学和人文科学领域的知识，被称为"中国最早的医学百科全书"，是孙思邈医药学术和哲学思想的集大成之作，不仅对中国医药学产生了极为深远的影响，在国际上也颇有影响。

第五章 | 问鼎《千金方》

1.《千金方》

《千金方》是孙思邈总结行医的经验和成果而编撰的两部医学著作的统称,其中一部是《备急千金要方》,另一部是《千金翼方》,二者合起来简称《千金方》。

《备急千金要方》中包含内外科、妇儿科、五官科、皮肤科、急救、食疗、养生、气功、按摩等丰富的医学内容,涉及许多自然科学和人文科学领域的知识;《千金翼方》是孙思邈晚年对《备急千金要方》的补充之作,其内容与现代医学中的药物学、传染病学、食疗养生学、老年医学等诸多领域相关。两部《千金方》是孙思邈医学和哲学思想的集大成之作。

当初,孙思邈鉴于古代诸家医方散乱浩博,求检至难,博采群经,勤求古今,删裁繁复,以求简易,撰《备急千金要方》。完成《备急千金要方》之后的他,并没有感到丝毫轻松,后来又集30年临床经验,作《千金翼方》30卷。这两部巨著,合而为我国唐代最有代表性的医药学著作。

《备急千金要方》简称《千金要方》《千金》。孙思邈在《备急千金要方》的自序中明示"人命至重,贵于千金,一方济之,德逾于此",故此书取名"千金",由此可见他救死扶伤的医德。他著书的主要目的是希望医学成为人人掌握的技术,自己的书成为"家家自学,人人自晓"的课本。他认为《千金方》"未可传与士族，庶以贻厥私门"，为贫苦人着想，求其价廉、能够普及。因此，《千金方》具备简、便、博、廉的特点，深受国内外医家的重视，其手抄传本、私刊本、官刊本众多。

《备急千金要方》参考了大量唐以前的医学文献，收载郭玉、张文仲、范汪等历代名医的理论与经验，结合孙思邈的学术见解撰成。书中分为232门，含方论5300首，内容有序例、妇人、少小、七窍、诸风、伤寒、脏腑杂病、疔肿痈疽、解毒、备急、食治、养性、平脉、针灸等。此书卷一为总论，主要论述医生应具备的道德品质、知识结构和文化素质，并阐述了诊断、治疗、处方、用药及制药服药、药物贮藏的基本原则和具体要求。卷二至卷四为妇人方，包括求子、妊娠、分娩、难产、产后各病、妇科各病等，有药方540余首。卷五为少小婴孺，从新生儿养护到儿科常见病的防治，列方320余首。卷六为七窍，包括眼、鼻、口、舌、唇、齿、喉、耳等处的疾患，还有面部疾患用药和美容方。卷七到卷二十一为内科疾患，先述风毒、脚气，次为诸风（主要论述脑病及中风）、伤寒；其后按脏腑分类，分别论述诸脏腑生理病理和有关疾患；再后为消渴、淋闭、尿血、水肿。这些部分提供各类处方2000余首。卷二十二、二十三为外科和皮肤科病。卷二十四为解毒及杂治，包括瘿瘤及若干肛门和阴部疾患。卷二十五为备急（急救医学），卷二十六为食治，卷二十七为养性，卷二十八为平脉，卷二十九、三十为针灸，内容都很丰富。[1]

---

[1] 马继兴：《〈千金方〉的版本和其保存的古本草著作》，载钱超尘、温长路主编《孙思邈研究集成》，中医古籍出版社，2006，第1043页。

第五章 问鼎《千金方》

《千金翼方》简称《千金翼》，撰写于显庆四年（659）唐朝官方编纂的《新修本草》撰成以后，含方论2900余首。书中对历代医学发展和各时期的医学贡献都有评述，集前代医家精华，创新医学各科，从医德、防病、治病到医学基础理论、临床诊断治疗等方面，都有系统全面的论述，在本草、针灸、卫生、养生方面卓有贡献，且收录失传古代医籍，记录国外传来的医药知识和民间的土、单、秘、验药方，功不可没。

《千金翼方》的书名是孙思邈受《易传》的启发而定的，"夫易道深矣，孔宣系十翼之辞，玄文奥矣，陆绩增玄翼之说，或沿斯义述此方名矣"。"翼"有辅佐之意，从《千金翼方》的内容看，它确实对《备急千金要方》做了补充。

值得一提的是，两部《千金方》充分显示出孙思邈深厚的文史素养和造诣。孙思邈广悉古典、精于文墨，是典型的中国古代知识分子，他以文学鸿儒的磅礴气势、雍容大度，使其《千金方》在文字上光芒万丈、神采飞扬。学者干祖望称誉其作品为"两千年来医学著作中文学气息最浓郁之作"。《新唐书》称誉孙思邈"通百家说"，信非虚语。《千金方》文章结构精练，特别是取用单字、词目贴切，引经据典，曲尽其妙，波澜老成，洋洋大观。

孙思邈生逢盛世，他的两部《千金方》在稳定宁静的环境中诞生，得以大量地引用、摘录、转载当时尚幸存而现在已经失传的抄本、珍本、孤本，使唐以前的医药成就或多或少保留到后世。

这两部巨著也深刻影响着后世的医学，如蔺道人的《仙授理伤续断秘方》、陈自明的《妇人良方大全》、钱乙的《小儿药证直诀》、王执中的《针灸资生经》等专科著作，以及张元素的《脏腑标本虚实寒热用药式》等，都从《千金方》中汲取了营养。不少临床医学家直接从中得到了实用的有效方药，以至"稍窥其藩篱，亦足以医术鸣"（虞抟《医学正传》）。

宋代时，仁宗钦命林亿、高保衡写序，第一次刊印孙思邈的《备急千金要方》，此版本在国内失传，却在日本存有孤本。日本江户时代，幕府医官多纪元坚主持完成了对此版本的影印。后来，影印版宋本《备急千金要方》回归中国。

2.《千金方》与《伤寒杂病论》

孙思邈对汉代名医张仲景的医术和思想十分佩服。他不仅认为张仲景的医学理论十分精湛，更敬重张仲景高尚的医德。

张仲景所著的《伤寒杂病论》原序和孙思邈所著的《备急千金要方·序例》有许多相似之处，从中可明显看出两者的继承和发展关系。孙思邈还曾整编《伤寒论》，把张仲景《伤寒论》编作《伤寒大论》，由十卷改为两卷。

在《伤寒杂病论》中，张仲景提出了"辨证施治"的理论，即根据病人体质、外界环境等因素来辨证治疗，这一理论被孙思邈继承。他在《备急千金要方》中进行了进一步的发展和完善。孙思邈强调预防疾病的重要性，主张养生保健，注重饮食起居，这些思想与张仲景的医学思想有着紧密的联系。

第五章 问鼎《千金方》

孙思邈对张仲景《伤寒杂病论》中《六经》一篇做了认真领会。他知道这篇是张仲景"寻求古训",精研《素问》《难经》《阴阳大论》,结合外感病传变规律的特点所写的。孙思邈探求其意,根据"太阳""阳明"二经所列证、法占全书二分之一以上这点,领悟到太阳、阳明是伤寒病病变发展的关键二经。

张仲景的《伤寒杂病论》论述妇人伤寒的例证只有一例,幼儿伤寒则全无论述,而《备急千金要方》始开先例,妇人方中有伤寒一章,论述妇人妊娠伤寒的共有16个方证,少小婴孺相关章节中也有伤寒一门。

"博采群经""广设备拟"是《备急千金要方》中有关伤寒两卷的主要精神。孙思邈对伤寒病的看法是人可因"冒犯风寒,天行疫疠"而染病。他认为,"伤寒热病,自古有之",是瘴疠之气,人总能找到药物来防治它,对伤寒病"虽不能废之,而能以道御之"。孙思邈对防治外感病持有进步观点,他认为"善于摄生,能知撙节,与时推移"是预防疾病的积极办法。孙思邈也十分重视对伤寒瘟疫的防治,突出表现为辟瘟疫的思想,即预防外感。他创制了许多预防瘟疫的方药,如屠苏酒方,服之令人不染瘟病,在历史上很有声望。

北京中医药大学钱超尘教授认为孙思邈对张仲景《伤寒论》具有革命性的创新,主要表现在五个方面:

第一,他把太阳病改成七类。太阳病在《六经》中条文最多,有161条,而孙思邈把它分成七类,方便治疗。

第二,他改变调整了张仲景的方剂排列顺序。张仲景《伤寒杂病论》是前论后方,孙思邈则是前方后论。

第三，孙思邈对《伤寒杂病论》中的文字有所校正。

第四，孙思邈改正了《伤寒杂病论》中的一些谬误。

第五，孙思邈整编的版本可补宋本《伤寒杂病论》之缺。

"勤求古训，博采众方"，既是孙思邈的座右铭，也是其一生的写照。孙思邈对古典医学的科学态度，以及他既尊经典又不受其拘束的学风，是后世学者学习的典范。

3.《千金方》与《周易》

儒家的哲学思想，包括儒家"六经"中蕴含的"中和"思想、"天人合一"思想、"八卦"体系、"阴阳"观念、"五行"观念、"气本论"及"一以贯之"、"辨证"的思维等，为中医学理论体系的构建提供了哲学思想基础和模式。有人说，中医学是儒家哲学和医家经验结合的产物。[①]

《周易》为儒家的第一部经典，被誉为儒学十三经之首，是中华传统"象数文化"的代表作。《周易》一书起源于殷周时期，包括《经》和《传》两部分。《经》主要包括六十四卦和三百八十四爻，卦和爻各有说明文字（卦辞、爻辞），以作占卜之用；《传》包含解释卦辞、爻辞的七种文辞，共十篇，统称"十翼"。

《周易》对孙思邈的《千金方》影响很大。

---

① 任继愈:《中国哲学发展史（秦汉篇）》，人民出版社，1998，第61页。

孙思邈既精于医道，也博通经书，他主张医生要学《周易》，十分重视《周易》对于医药学的作用。

孙思邈认为"医者，意也"，善于用意，即为良医。《千金翼方·序》中，他解释说："夫医道之为言，实惟意也。"孙思邈的"意"很接近《周易》中的"象"和"易"，而其"医道"则接近于"易理"。《旧唐书》记载，孙思邈曾说："吾闻善言天者，必质之于人；善言人者，亦本之于天。"其大意是说，擅长医学理论的人，一定要把它用来给人治病；善于治病的人，必须依赖医学理论。①

《周易》以天、地、雷、风、水、火、山、泽八种东西作为说明世界上一切事物的本源。孙思邈则把天地阴阳的相互关系用于医学，认为阴阳是总纲，类似于天地；表里、寒热、虚实是基本纲领，类似于"六壬"，为临床诊病提供基本的依据。这种思路与《周易》十分相合。

孙思邈提出，"凡五脏，在天为五星，在地为五岳""以此总而成躯""流而为荣卫，张而为气色，发而为音声，此人之常数也。阳用其形，阴用其精，天人之所同也。及其失也，蒸则生热，否则生寒，结而为瘤赘，陷而为痈疽……推此以及天地，亦如之"。他把疾病与自然界的变化相类比，"寒暑不时，此天地之蒸否也；石立土踊，此天地之瘤赘也；山崩地陷，此天地之痈疽也""故形体有可愈之疾，天地有可消之灾"。这可谓是妙解《周易》中的朴素唯物论观念。

---

① 张训：《孙思邈：一位具有朴素唯物论和辩证法思想的唐代医学家》，载钱超尘、温长路主编《孙思邈研究集成》，中医古籍出版社，2006，第978—979页。

《周易》认为事物是运动变化的，变化又可使双方向对立面转化，其根本原因在内部，是"阴阳"、"刚柔"和"动静"相互作用的结果。孙思邈认为人由阴阳两性变化而生，与《周易·系辞》的看法几乎完全一致。孙思邈把《周易》中对立面双向转化的观念运用于医学。

在《千金方》中，不难看出《周易》的影响。例如，孙思邈在《备急千金要方》中写道："论曰，易称天地变化，各正性命。……然则变化之迹无方，性命之功难测。"《周易》中有"乾道变化，各正性命"，孙思邈引用这段话作为自己论述"变化之迹无方"的理论根据。又如《千金翼方》中说："故曰安者非安，能安在于虑亡；乐者非乐，能乐在于虑殃。"这是对《周易》中"君子安而不忘危，存而不忘亡"思想的发扬。

《周易》思想对孙思邈的影响十分鲜明。儒家文化和《周易》思想，为孙思邈中医学理论体系的构建、形成和发展奠定了坚实的哲学思想基础。

4.《千金方》与佛教

佛教起源于古印度，东汉时传入中国，经南北朝的长足发展，在唐朝进入鼎盛阶段。这一时期，佛学对中医学的影响很大。

虽然孙思邈读的佛教典籍远不如道家典籍多，但他对佛学有一定研究。佛教讲究行善治病，救人一命"胜造七级浮屠"。这一思想贯穿于孙思邈的医学思想中。

佛教对孙思邈的医德思想影响很大。有学者认为，孙思邈《千金方》受佛教影响，可以归纳为三种表现形式：一是佛教教义的直接影响，主要表现在医德方面；二是佛教传入所带来的以古印度医学为主的域外医学，《千金方》中有所体现；三是记载了一些医僧的医学成就，如治疗脚气病等。

《备急千金要方·大医精诚》是孙思邈有关医德的精彩论述。在一些学者，如干祖望看来，它与佛教息息相关。干祖望认为，这段话中"精勤不倦……先发大慈恻隐之心，誓愿普救含灵之苦"的思想，与佛教的普度众生不谋而合。这段话中说："不读《内经》，则不知有慈悲喜舍之德。""慈悲"为佛教常用术语，意思是"与乐曰慈，拔苦曰悲"。"喜舍"也是佛家术语，指用钱财或自己身上的活组织来救济他人的灾难。这段话中还说："大医治病，必当安神定志。"而佛学认为凡人做事，必须专心，"定止心于一境"。这段话中"不得问其贵贱贫富……普同一等"的思想，与佛教众生平等的口号也很相似。

仔细玩味推敲两部《千金方》的遣词用语，佛学思想的影响确实随处可见。例如，佛教不许杀生，而孙思邈也强调"杀生求生，去生更远"。

5.《千金方》与印度医药学

佛教从古印度传入中国的同时，古印度的医药知识也传入了中国，它是以"医方明"的形式引进的。医方明是佛教"五明"之一，主要是吸收古印度医书（如阿育吠陀）的内容而成。

古印度吠陀医学认为，人体由四种元素合成，这便是所谓"地水火风，和合成人"的"四大"。

古印度医学认为，人会因为"四大不调"，即地、水、风、火四种原质不调而生病，"地大增，令身沉重；水大积，涕唾乖常；火大盛，头胸壮热；风大动，气息激冲。四大不调，各有一百一，四百四病"。《备急千金要方》中对此学说有所记载和发挥，"地水火风，和合成人。凡人火气不调，举身蒸热；风气不调，全身强直，诸毛孔闭塞；水气不调，身体浮肿，气满喘粗；土气不调，四肢不举，言无音声。火去则身冷，风止则气绝，水竭则无血，土散则身裂。"又云："凡四气合德，四神安和。一气不调，百一病生；四神动作，四百四病，同时俱发。又云：一百一病，不治自愈；一百一病，须治而愈；一百一病，虽治难愈；一百一病，真死不治。"

在《备急千金要方》中，孙思邈试图在医学理论方面把古印度的"四大不调"学说与汉医的五脏、五行学说相结合，这种尝试在医学史上是首次，显得十分勉强，但也难能可贵。

第五章 问鼎《千金方》

孙思邈十分赞赏佛教《大集经》中记载的古印度医圣耆婆之名言——"天下所有，无非是药"。耆婆认为，一个高明的医生必须懂得"天下物类，皆是灵药，万物之中无一物而非药者"。孙思邈在《千金翼方》中写道："有天竺大医耆婆云：天下物类，皆是灵药。万物之中，无一物而非药者，斯乃大医也。"他指出："神农本草，举其大纲，未尽其理，亦犹咎繇创律……且令后学者因事典法，触类长之无穷竭，则神农之意，从可知矣。所以述录药品名，欲令学徒知无物之非药耳。"这种"万物皆药"的药物学理论指导了孙思邈的临床实践，他的《千金方》吸收了大量民间和外来药物，所载药物比唐代官修《新修本草》多了680种，丰富和扩大了药物的品种。①

孙思邈在《备急千金要方》《千金翼方》中，对外来医学吸收最多的还是方剂和药物，光是古印度名医耆婆的药方就达十余首。②孙思邈对它们的主治病症和临床使用等进行了论述，并将它们完全用中医术语表述。这些外来方剂的共同特点，是所用药物大多为域外所产。这种把古印度药物与中药相结合，共同用于方剂之中，使外来药物中医药化的尝试，丰富了中国方剂学的内容。③

在《备急千金要方》卷十二中，孙思邈为古印度医学中流行的一方治多病的"通治"药方、"万病"药方，专辟了《万病丸散》一节，共载十三方。其中所载的"耆婆万病丸"很有代表

---

① 朱建平：《孙思邈〈千金方〉中佛教的影响》，《中华医史杂志》1999 年第 4 期。
② 蔡景峰：《孙思邈与各国和各族医学交流》，载钱超尘、温长路主编《孙思邈研究集成》，中医古籍出版社，2006，第 1919 页。
③ 李正安：《中印医学汇通之尝试者——孙思邈》，《中医药信息》1990 年第 2 期。

性。这些万病丸散极可能传自古印度等域外国家和地区，为中医方剂学增添了品类。

6.《千金方》与道教

道家学说由春秋时期老子所创，学派中主要人物还有庄子等。到东汉时期，在道家学说的基础上，道教发展起来。道教把老子说的"道"看作神异之物，突出了"道"的超越性、绝对性、神秘性，进一步发挥了老子思想中离俗超脱的精神，形成出世的心性炼养理论。[①]

道家的主要思想有恬淡虚无，无为而治；崇尚静柔，柔弱胜强；重视人和自然的关系等，对中医学产生了重要影响。老庄崇尚静柔的思想，成为中医学以柔顺养阴为主旨的养阴学派重要的理论基础。

孙思邈的思想以道家为主体，其医学思想也是由道家做主导。他在《千金翼方·退居》中曾谓："还须畜数百卷书，《易》《老》《庄子》等，闷来阅之殊胜闷坐。"

老子认为"图难于其易，为大于其细"，这和孙思邈治病时要求"深究萌芽"的主张有联系。庄子认为"为事逆之则败，顺之则成"，这也是孙思邈的一条治疗原则。庄子"俞俞者忧患不能处，年寿长矣"的观点，被孙思邈运用在养生中，孙思邈因此

---

① 武斌:《中医与中国文化》，辽海出版社，2015，第47页。

认为善养生者不能过度喜哀，否则会损年寿。①

无为论是道家的基本理论之一。"无为"被道家看作修身治国平天下的手段与工具，是道家的最高人生价值理想。针对无为，老子提出了"清静""寡欲""不争""抱朴"等观念。

孙思邈在《千金翼方·退居》中，针对"知进而不知退，知得而不知丧，嗜欲煎其内，权位牵其外"的生活态度提出了批评，可见他赞同"无为"的主张。但在医学研究方面，孙思邈年过百岁仍"研综经方"，称赞古之哲医"寤寐俯仰，不与常人同域，造次必于医，颠沛必于医"，还要求医生"屏弃俗情，凝心于此"，由此可知，他灵活实践了老庄思想。

孙思邈的医学思想不仅以道家为滥觞，也撷取了道教中的一些内容。从道教的组成部分看，道教吸收和融合了古代民间巫术、儒家和墨家的一些思想，以及神仙方术、阴阳五行等，"杂而多端"，兼收并蓄。

医之于道，互相渗透，道中有医，医中有道。据有关统计，六朝时期的道医占当时全部医生总数的28.7%，故自古就有"医道通仙道""十道九医""医道同源"之说，充分反映了道家"尚医"的历史传统。②在中国历史上，有"建安神医"之称的董奉、东晋医药学家葛洪、东晋精通医术的陈郡殷氏世家、南朝精通医术的会稽孔氏世家、齐梁医药学家陶弘景，都与道教渊源不浅。孙思邈也常被看作著名道士。

---

① 张文、段凤仙、韩中平、朱自贤：《孙思邈的哲学思想和他的医学成就》，载钱超尘、温长路主编《孙思邈研究集成》，中医古籍出版社，2006，第1177页。
② 孙广仁主编：《中国古代哲学与中医学》，人民卫生出版社，2009，第132页。

孙思邈把道家思想融入医学中，这在医学文献中是罕见的。[①]

7.《千金方》的影响力

中国古代医家对孙思邈及《千金方》评价甚高。

北宋时，林亿、高保衡、孙奇、钱象先等，在校正《备急千金要方》时强调，《千金方》"祖述农黄之旨，发明岐挚之学，经掇扁鹊之难，方采仓公之禁，仲景黄素，元化绿帙，葛仙翁之必效，胡居士之经验，张苗之药对，叔和之脉法，皇甫谧之三部，陶隐居之百一，自余郭玉、范汪、僧垣、阮炳，上极文字之初，下讫有隋之世，或经或方，无不采摭，集诸家之所秘要，去众说之所未至。……厚德过于千金，遗法传于百代，使二圣二贤之美不坠于地，而世之人得以阶近而至远，上识于三皇之奥者，孙真人善述之功也"。

郭思是宋元丰年间进士，曾研读《千金方》，撰《千金宝要》。他给予《千金方》极高评价："况一州一县，几家能有千金方，而有者亦难于日日示人。因此孙君之仁术仁心，格而不行处有之，郁而不广处有之。孙君此书，上本黄帝岐伯。次祖扁鹊、华佗、张仲景、陈延之、卫汛、王叔和《小品》《肘后》《龙宫》《海上》，而下及当时之名公方论药术，并自撰经试者。世皆知此书为医经之宝，余亦概尝阅诸家方书，内唯《千金》一集，号

[①] 干祖望：《孙思邈评传》，南京大学出版社，1995，第125页。

第五章 问鼎《千金方》

为完书。有源有证，有说有方，有古有今，有取有舍。关百圣而不惭，贯万精而不忒。以儒书拟之，其医师之集大成者欤？"

明代王肯堂[①]和清代张璐[②]都认为，继张仲景之后，只有孙思邈的《千金方》可与张仲景诸书颉颃上下。王肯堂言："今独张仲景方最古，其次莫如孙真人《千金方》，如是止矣。真人以应化圣贤，现神仙身，行良医事，其所著书，抉玄扁颅秘籍，宜不涉世情一字……何止只字千金而已。"张璐在著作《千金方衍义》中谓："夫长沙为医门之圣，其立法诚为百世之师。继长沙而起者，惟孙真人千金方，可与仲景诸书，颉颃上下也。伏读三十卷中，法良意美，圣谟洋洋。其辨治之条分缕析，制方之反激逆从，非神而明之，其孰能与于斯乎。"

清代徐大椿[③]对《千金方》的评语，没有多少过誉之词，算得上是比较客观公正的评价。徐大椿在《医学源流论》中说："千金方……其所论病，未尝不依内经，而不无杂以后世臆度之说。其所用方，亦皆采择古方，不无兼取后世偏杂之法。其所用药，未必全本于神农，兼取杂方单方及通治之品。故有一病而立数方，亦有一方而治数病。其药品有多至数十味者。其中对症者固多，不对症者亦不少。故治病亦有效有不效，大抵所重，专在

---

① 王肯堂（1549—1613），字宇泰，博览明以前历代重要医籍，采集古今方论，参以个人见解与经验，经高隐记录整理，编撰成《杂病证治准绳》《伤寒证治准绳》《女科证治准绳》等。
② 张璐（1617—1699），字路玉，号石顽老人。他将《伤寒论》体例重加酌定，参考喻昌《尚论篇》、方有执《伤寒论条辨》及各家对《伤寒论》之注释与论述，结合本人心得，于康熙六年（1667）编撰成《伤寒缵论》与《伤寒绪论》各二卷。
③ 徐大椿（1693—1771），又名大业，字灵胎，晚号洄溪道人。徐大椿著作甚丰，医著有《难经经释》《神农本草经百种录》《医贯砭》《医学源流论》《伤寒类方》等。

于药，而古圣制方之法不传矣。此医道之一大变也。然其用药之奇，用意之巧，亦自成一家，有不可磨灭之处。"

徐大椿对孙思邈不按"古圣之法"编撰《千金方》的行为有所贬斥，但也独具慧眼地指出了《千金方》不同于《黄帝内经》等正统流派之处。徐大椿批评孙思邈爱收集"后世臆度之说""后世偏杂之法"。不过，从医学发展来看，这也是孙思邈《千金方》的优长所在。孙思邈深入民间虚心访学，并能打破局限性，兼收并蓄，这样才得以"开唐以后一代医风"[1]。

如同其他古代伟大的医家一样，孙思邈也有不足之处。由于时代的局限、医学水平的限制和宗教思想的影响，孙思邈有些唯心迷信思想，对之前诸家的学术成就缺乏批判，其书中有些地方前后矛盾，有些条文无法索解，有些引用材料出处不详、欠缺甚至错误。《千金方》相信神仙之说，特别是《千金翼方》卷末大量介绍禁咒治病的案例，虽然禁咒法有心理治疗的功效，但孙思邈对其的认识确实不够科学。

《千金方》不仅对中国医药学产生了极为深远的影响，也影响了海外医学。例如，日本医学家多纪元坚曾说："晋唐以降，医籍浩繁，其存而传于今者，亦复何限，求其可以扶翊长沙、绳尺百世者，盖莫孙思邈《千金方》者焉。"日本甚至成立了《备急千金要方》研究所。又如，《千金方》对朝鲜医学发展有很大的影响，朝鲜两部医学巨著《医方类聚》《东医宝鉴》都是以《千金方》作为准绳来编写的，并引用了《千金方》的诸多

---

[1] 干祖望：《孙思邈评传》，南京大学出版社，1995，第235—236页。

第五章 问鼎《千金方》

内容。

《千金方》对东南亚、欧美等国也有或多或少的影响。东南亚各国中医专家大多重视孙思邈德术兼备的思想修养，新加坡大巴窑中华医院的院训"慎勇端勤"，就是根据孙思邈"胆欲大而心欲小，智欲圆而行欲方"的治学思想演变而成；在越南，孙思邈被尊崇为药圣。英、美、德、法都有学者从事孙思邈著作的研究工作。

学者李经纬指出："孙思邈取得的医方、药物学方面的重大成就，在《千金方》中得到了突出的体现。《隋书·经籍志》记载医方书目虽有百余部，但能留存至唐代者已不多，至今尚存者更是屈指可数，其中载方最多者亦不过数百，而孙思邈收集整理的医方，在《备急千金要方》中有四千五百多个，在《千金翼方》中有两千多个，可谓集唐以前医方学之大成，给我们留下了一份极为丰富的医学遗产。虽然《千金方》没有注明引文的出处，但仍可看出其中除引用了张仲景、华佗、陈延之、支法存等20余位著名医学家的医方外，还收集了流传在广大汉族人民群众、少数民族、文人学士、官僚、宗教界和外国传入的很多医方，如齐州荣姥方、蛮夷酒方、书生丁季回雄黄方、苍梧道士陈元膏等等，可见孙氏读书之多、收集采访功夫之深了。"[1] "两部《千金方》是由精湛的医学技术、高深的道教修养和纯洁的品德思想三者结合而成的。也可以说'技术是医学，思想是道教'，再加上崇高品德。"[2]

---

[1] 李经纬：《中医史》，海南出版社，2015，第158页。
[2] 干祖望：《孙思邈评传》，南京大学出版社，1995，第244页。

《千金方》是孙思邈毕生心血的结晶，使孙思邈名垂千古而不朽。

8.《千金方》的失与存

关于《千金方》，在民间也流传着不少故事。例如，民间传说这本旷古奇书曾失而复得。

相传，晚年的孙思邈在峨眉山专心著书。不料，当地有几个盗贼盯上了他。有个叫范祖光的人，是县令范祖耀的哥哥，兄弟俩十分贪婪。此人有两个朋友，叫王彪虎、周飞，也心术不正。范祖光知道孙思邈的名气和其医书的价值，起了盗窃的坏心思。

有一天，孙思邈正在整理《备急千金要方》的书稿，范祖光和王彪虎、周飞突然闯进他的房子。范祖光恭敬地递上他弟弟峨眉县令范祖耀的请柬，说："舍弟峨眉县令范祖耀恭请药王到县城赴宴，轿子已在寺院门外等候，务请光临。"王彪虎和周飞则贼眉鼠眼地打量着书稿和房子里的一切。

"谢谢令弟范大人和你的盛情！我很忙，确实无暇前往，请宽恕！"孙思邈说。这些人再三邀请，均被孙思邈谢绝了。

范祖光的调虎离山计没有得逞，只好扫兴而归。他们回到峨眉县城，突然遇到一匹烈马脱缰惊跑，踩倒了一位老翁，老翁腿骨折断，伤势严重。范祖光心生一计，立即将县府衙的两匹好马借给老翁的儿子，让他赶到峨眉山请孙思邈为其父治疗。果然，孙思邈以救人为重，骑马急速赶来为老翁接骨医治。

县令范祖耀趁机于当晚宴请孙思邈,感谢孙思邈为峨眉父老不辞辛劳地救死扶伤,陪客是18个衣冠楚楚的豪绅、富商。在宴席上,县令和众人一一向孙思邈敬酒,表示他们对药王的敬意。第二天,孙思邈回到居处,开锁从柜中取《备急千金要方》书稿时,突然惊呼:"我的书稿哪里去了?"

静夜,孙思邈师徒分析研究了那天来人的情况和书稿被盗的可能,认为县令范祖耀和他哥哥范祖光的嫌疑最大。于是,孙思邈让几位徒弟向峨眉县令禀告失窃之事,要求捉拿盗犯,借此看看他的态度。

范县令听到报案后,故作吃惊地说:"竟有此事!"他装模作样下令追查,又是派人,又是出告示捉拿盗犯,一时闹得沸沸扬扬。

就在范知县打算一拖了之的时候,县里一个有名的豪绅突然报了个盗窃案。此人报告,盗贼走后留下了一张纸条,上面写着第二天夜晚要盗之家。范县令看过纸条后,笑了笑说:"哪有这样猖狂的盗贼,这不过是转移人的视线而已!"然而第三天一早,第二家真的被盗,家中又留下第三次要盗之家的姓名。

这一惊人的案情传出后,轰动了全县。许多人说,这盗贼是个高手,他和盗孙思邈书稿者乃是一人。这下范县令坐不住了,连忙派遣衙役,通告将要被盗之家。可惜不久后,这家家里值钱的东西也不翼而飞。

范知县绞尽脑汁,派遣了许多能人,县里却还是一家接一家被盗,一直盗到第18家。范县令突然发觉,这些被盗的人家都参加过自己宴请药王孙思邈、给哥哥偷盗打掩护的那场宴会。

范县令白天吃不下饭，夜晚睡不着觉，思来想去，不得不把哥哥的朋友王彪虎、周飞请来，如此这般地交代了一番。

几天之后，王彪虎、周飞从益州"追回"了《备急千金要方》书稿。当日，范县令亲率那18位豪绅、富商，乘坐轿子到峨眉山，将《备急千金要方》书稿恭敬地交还给孙思邈。不久，那18家被盗的物品也神奇地回到了原处。

原来，孙思邈的徒弟冒充盗贼，将案子故意闹大，又将《备急千金要方》书稿丢失一事做成案中一环，撇清嫌疑，以此威胁涉事的县令、富商，逼着他们还回了书稿。

历史上是否真的发生过这件事，无法考证。不过，这个故事从侧面反映了《千金方》的重要性，以及保留下来的不易。

如今，有一个珍贵的宋代《备急千金要方》影印版本保存于药王山纪念馆。此书的由来包含一个感人的故事。

1972年9月29日，《中日联合声明》签署，中日两国正式建交。1977年3月，符浩任中国驻日本特命全权大使。在其任职几年期间，他十分注意收集中国流落到日本的历史资料。当他得知日本打算将国内留存的宋版《备急千金要方》刊印500套送给外国元首后，他千方百计托人四处找寻购买。经过几番周折，他在东京街头高价买得一套宋版《备急千金要方》，后来将之赠予药王山。

宋版《备急千金要方》回到药王山的过程中，中华药王山孙思邈研究社（陕西孙思邈研究会前身）功不可没。早在1985年3月25日，中华药王山孙思邈研究社刚成立，得知时任外交部副部长符浩收藏有一套日本刊印的宋版《备急千金要方》，便

第五章 | 问鼎《千金方》

托请当时的陕西省委副书记、中华药王山孙思邈研究社顾问陈元方致函符老，请求将此书转赠给药王山纪念馆。仅隔一个月，即1985年10月14日，符老便托人带信给陈元方同志，请对方代转，并以他与夫人焦玲的名义亲笔致函耀县（今陕西耀州）孙思邈纪念馆，表示愿将此书赠给孙思邈纪念馆永存。从此，日本收藏的宋版《备急千金要方》回归孙思邈的家乡。[①]

沉睡千年的宋本《备急千金要方》能够回到药王孙思邈的故里，这亦是对药王文化的一种保护和弘扬。

[①] 胡克禹：《符浩赠宝彪炳史册——回忆我国原任驻日大使符浩同到药王山补行国宝馈赠仪式》，《孙思邈研究》2014年8期。

第六章 修成百岁身

孙思邈不仅高寿，而且健康；不仅有养生的生动实践，而且有精湛的理论研究。可以说，孙思邈是历史上将养生实践与理论结合得最好的养生家。孙思邈的养生理念、生活方式，以及提前预防的医学思想，有着深远的意义和重要的价值。

1. 健康与长寿

长寿是人类共同的追求。虽然人的寿命是有限的，不可能达到长生不老，但是健康长寿还是可以追求的。孙思邈不仅在医药学方面开创了不朽的业绩，而且在养生学方面继承和发扬了唐及以前各家之长，结合自己的亲身体验，形成了独具特色的综合养生体系，自己也成为一个长寿的老人。更值得称道的是，孙思邈晚年的生活质量很好，几乎是无病而终，是个难得的健康的长寿老人。

这就又涉及一个主题词——"健康"。

健康是每个人都渴求的，但并非人人对健康都有一个正确的认识。到底何为健康？长期以来，人们对健康的认识一直局限于没有疾病就是健康。后来，有人把健康定义为人体各器官系统发育良好、功能正常、体格健壮、精力充沛并具备良好的劳动效能。

毫无疑问，这个定义也不够全面，它没有关注到人类精神、心理的健康。随着现代医学的发展及人们健康观念的转变，人们逐渐意识到，心理的、社会的、文化的因素同生物的因素一样，与人的健康和疾病有着非常密切的关系。与之相应，健康的概念超越了传统的医学模式，心理的健康成为"健康"概念和范畴中必要的组成部分。

健康是指一个人在身体、精神和社会等方面都处于良好的状态。传统的健康观是"无病即健康",现代人的健康观是整体健康,即一个人不仅身体上没有出现疾病或虚弱现象,且在生理上、心理上和社会上都保持完好状态。现代人的健康包括躯体健康、心理健康、心灵健康、社会健康、智力健康、道德健康、环境健康等。一个健康的人,既要有健康的身体,还应有健康的心理和行为;只有当一个人的身体、心理和社会适应都处在一种良好状态时,才是真正的健康。

由此,健康的观念也逐渐由医学模式转向"生物-心理-社会医学模式"。

根据现代生物-心理-社会医学模式,世界卫生组织提出了衡量个体健康的具体标准:有充沛的精力,从容不迫地担负日常生活和繁重的工作,而且不感到紧张疲劳;处事乐观,态度积极,乐于承担责任;善于休息,睡眠良好;应变能力强,能适应外界环境各种变化;能够抵抗一般性感冒和传染病;体重适当,身材匀称,站立时头、臂位置协调;眼睛明亮,反应敏捷,无眼疾;牙齿清洁,无龋齿,不疼痛,牙龈颜色正常,无出血现象;头发光泽无头屑;肌肉丰满,皮肤有弹性。

健康是人类赖以生存和发展的基本条件之一,也是旺盛生命力的重要标志;不仅是人们最珍惜的生活需要,而且是人类创造物质文明和精神文明的社会发展基础。孙思邈撰著过一部《福寿论》,此文在南宋被李素舟于宝祐四年(1256)立碑于陕西耀州药王山上,以便"广传于世而不泯绝,抑使后见闻者,惩恶徒善者耳"。《福寿论》反复论证做人应本分,提醒人们要安分守己，恪守道德，真诚对待他人，做一个有益百姓、有益社会进步的人，方可福寿兼得。孙思邈在《福寿论》中强调了几个观点，一是福与祸的转化观；二是福与寿往往不可兼得；三是要兼得福与寿必须本分做人；四是仁德是人生的大智慧。全篇论述简练精湛、论点明确、论据充分，充满哲思妙论和辩证观，至今仍熠熠生辉，耐人寻味。

作为对健康生活的一种追求，人活多大年龄才算长寿？

据古籍记载，人的自然寿命（天年）当在百岁以上。明代张介宾《类经》注云："百岁者，天年之概。"俗语以"百年以后"指代死亡。

古代不但普通人平均寿命短，就是皇帝的平均寿命也不长。有学者统计过中国历史上各个朝代皇帝的平均寿命，从秦始皇到末代皇帝溥仪，2000年的历史中，总共有400多位皇帝。其中生老病死可查的皇帝约有200人，这些皇帝的平均寿命居然为39.2岁，也就是说，一多半的皇帝活不过40岁。皇帝能享受到他所处时代最丰富的食物供给、最好的医疗条件和最安定的外部环境，连皇帝的寿命都这么短，那些吃不饱饭的老百姓能活多长可想而知。

古代人寿命不长的原因不外乎这么几个：生产力落后，粮食生产效率低，普遍营养不良；医疗条件落后，各种寄生虫和瘟疫横行，像天花、鼠疫这些传染病，不但会大面积缩短老百姓的平均寿命，甚至可能改变历史；战乱频繁也是导致古代人平均寿命不长的重要原因。

健康长寿是人们的良好愿望。要实现这个愿望，我们可以从

1000多年前的养生保健大家孙思邈那里找到路径或答案。

2. "真人"治未病

《黄帝内经》云："上古有真人者，提挈天地，把握阴阳，呼吸精气，独立守神，肌肉若一，故能寿敝天地，无有终时，此其道生。"

这段话的意思是：上古时代有一些被人们称为真人的人，他们能掌握自然界（"天地"）的阴阳运动变化规律，与自然界协调合一，并通过呼吸锻炼（"呼吸精气"）、姿势锻炼（"独立""肌肉若一"）和意念锻炼（"守神"）等气功养生方法，更多地获取大自然赋予人类的强大生命力，从而得以健康长寿。可见在上古时期，华夏民族就开始了对长寿的追求。

孙思邈被宋徽宗追封为妙应真人，是中国养生长寿术的承前启后者，也是中国历史上把延年益寿学说同防治老年病紧密结合起来成为一门学科的第一人，堪称历史上将养生实践与理论二者结合得最好的养生家。

"养生"一词虽始见于《吕氏春秋·节丧》，但在上古时代，人们已经逐渐形成一些养生措施。古代有许多长寿的传说，甲骨文及春秋战国，诸子如庄子、老子、子华子、孔子、荀子、管子、韩非子等的论著中，都有有关养生的内容，这说明古人对养生十分重视。《黄帝内经》中《上古天真论》《四气调神大论》等篇对养生的论述，是对秦汉养生学说的高度概括，标志着中医养生学的初步形成。

孙思邈如何"养生"？主要是他重视提前预防、提前干预。

《黄帝内经》早就有"圣人不治已病治未病"的思想，十分重视疾病的预防，孙思邈将预防思想贯彻在整个医疗活动过程中，称"善养性者，则治未病之病"。孙思邈将治未病作为养生的基本原则。他告诫世人，平素居家"凡有少苦，似不如平常，即须早道，若隐忍不治，冀望自瘥，须臾之间以成痼疾，小儿女子益以滋甚"。

如何治未病？《备急千金要方》指出："每日必须调气补泻，按摩导引为佳，勿以康健便为常然。常须安不忘危，预防诸病也。"一旦有病，从医疗和养生角度来讲，都应及早治疗："凡居家，常戒约内外长幼，有不快即须早道，勿使隐忍以为无苦。过时不知，便为重病，遂成不救。小有不好，即按摩捋捺，令百节通利，泄其邪气。"

此外，孙思邈主张用踩蹺法健身、防病、养生："凡人无问有事无事，常须日别蹋脊背四肢一度。头项苦令熟蹋，即风气时行不能侵入。"

孙思邈由于少年多疾，早早就意识到健康的重要性，高度重视提前预防。即便是身体康健之时，仍然注重"治未病"，坚持日常调气补泻、按摩导引等，做到"安不忘危"。他认为，倘若一个人只顾眼前的物质享受，那么"命同朝露"，疾患缠身也就不远了。要想健康，就要注重自身的道德修养，即修身。"道德日全，不祈善而有福，不求寿而自延。""老人之道，常念善，无念恶，常念生，无念杀，常念信、无念欺。"孙思邈认为，养生的要义在于"全道德",要做到念善、念生、念信,不要起恶、杀、欺之心,如此便能得福延寿。

孙思邈极力批判通过服药石以求长生不老的幻想。他倡言:"真人曰:虽常服饵,而不知养性之术,亦难以长生也。"这是给了当时唐朝士大夫普遍沉迷于服含饵药的现象一记棒喝。他认为求得长寿的方法主要是食养食治、劳动锻炼和讲究个人卫生等。他十分强调饮食疗法在延年益寿和老年病防治方面的重要意义,主张"缅寻圣人之意,本为老人设方","君父有疾,先命食以疗之,食疗不愈,然后命药"。

在个人卫生方面,孙思邈强调既要注意起居卫生,更要注重卫生习惯。例如,不要随地吐痰,不要食用不熟、不净、有毒的食物,饮食不得过量,咀嚼要细、吞咽要缓,饭后要漱口、要散步,睡眠时不要张口、不要蒙头。他提出的这些细微、具体的要求,都是符合科学道理的。他以自己超乎常人的寿命,证明了他的养生理论不是妄说,而是真谛。

有学者认为,孙思邈提前预防、治未病的思想内涵主要表现为三个方面,即性命双修、重在养性;节情吝神,少私寡欲;劳逸结合,强身健体。治未病的思想,是忧患意识的体现,展现了中医治疗的特色和优势。

孙思邈从哲学的高度出发,对生命价值论、养生价值论,以及人的养生规律等一系列重大问题做出了贡献。他治未病的养生观念至今对我们仍有着重要的参考价值。

3.养生先养心

《千金翼方》中说"淡然无为,神气自满",指的是每个人若能做到清静、寂寞、恬淡、虚无、不忧,精神就会丰满充沛,达到《庄子·天道》中"夫虚净恬淡,寂寞无为,天地之平而道德之至,故帝王圣人休矣"的境界。

孙思邈非常重视清心寡欲,加强精神修养,使心定神安,心身康健。他指出:"人之所以多病,当由不能养性。平康之日,谓言常然,纵情恣欲。心所欲得,则便为之,不拘禁忌,欺罔幽明,无所不作,自言适性,不知过后一一皆为病本。"

孙思邈认为:"五者必存,虽心希难老,口诵至言,咀嚼英华,呼吸太阳,不能不回其操,不夭其年也。五者无于胸中,则信顺日跻,道德日全,不祈善而有福,不求寿而自延,此养生之大旨也。"

孙思邈强调养生必须"少思寡欲",减少各种欲念,淡泊自娱以颐养身心,并总结出十要、十二少、十二多及适当运动等养性之术,故《千金翼方》指出:"养老之要,耳无妄听,口无妄言,身无妄动,心无妄念。"这体现了孙思邈的"无妄"思想,为《黄帝内经》中的"恬淡虚无,真气从之"做了确切的注释。

孙思邈重视心理卫生,他认为这是科学养生的关键。《黄帝内经》中的《素问·上古天真论》指出:"恬淡虚无,真气从之,精神内守，病安从来，是以志闲而少欲，心安而不惧。"它说明了情志可影响脏腑躯体，消除私心杂念和各种烦恼，可保健康。

七情六欲是人类基本的生理要求和心理动态，是人性的基础，是人人皆有的本性，也是人间生活的最基本色调。但人与人并不一样，七情六欲的表现也因此五花八门，正所谓七情六欲人人有，千差万别各不同。

中医里的五脏是指心、肝、脾、肺、肾，六腑是指胆、胃、小肠、大肠、膀胱、三焦。中医学"形神合一"整体观指导下，以五脏为中心，把情感归纳为喜、怒、忧（悲）、思、恐（惊），称为五志，分属于五脏。中医认为，肝"在志为怒"，藏魂；心"在志为喜"，藏神；脾"在志为思"，藏意；肺"在志为忧"，藏魄；肾"在志为恐"，藏志。人的七情六欲都从五脏中发生，素质性格也由此而形成。

中医认为，那些意志薄弱的人，受到七情中某种情志过于强烈、持久、频繁的刺激，会造成脏腑功能紊乱、气血不和、阴阳失调、经脉阻滞，容易发生多种心身疾病。高寿的人多性格开朗、情绪乐观、精神愉悦，而急躁、焦虑、忧郁和愤怒，常常使人疾病丛生或早夭。这是因为心理情志的变化不仅可以改变人的行为活动方式，也可以改变脏腑机能状态，影响气血运行，从而导致人体出现生理、病理变化。

孙思邈十分重视心理对人类健康的影响。他认为，不良的情绪会导致一个人"虚损"。他把虚损病概括为几个系列，五劳（志劳、思劳、心劳、忧劳、疲劳）是思维情感过度引起的疾病；六极（气极、血极、筋极、肉极、骨极、精极）是机体过度劳损引起的疾病；七伤（阴寒、阴痿、里急、精连连不绝、精少囊下湿、精清、小便苦数、临事不卒）是纵欲引起的男性病。另外，还有"七气""十二种风"等。

始终保持一种豁达、乐观的良好心态，这是孙思邈长寿健康的原因，也是人们追求健康长寿时的必要要求。

4.养生十三法

孙思邈在《备急千金要方》和《千金翼方》中，对老年医学进行了独到而合乎科学的论述。他分析了人类衰老的原因、衰老的征象和老年期的划分，对人类的衰老有科学正确的认识，对老年病的治疗及老年人的日常保健提出了一整套的科学方法。

魏晋时期，道家热衷于炼制金丹，以求长生不老。在炼丹的同时，士大夫阶层中又流行起来一种特殊的"服石"风气，他们竞相服食五石散，企盼强身延年。事实上，服五石散会造成非常严重的结果，引发全身发热、痈疮陷背、肌肉溃烂等症状。从西晋至隋的300多年间，服石之风连绵不绝，使晋人、唐人深受磨难，使医学的发展走了弯路。

对此，孙思邈大胆站出来，批评服石风气，他在《福寿论》中指出："鬼神盖不能为人之祸，亦不能致人之福。"孙思邈重视古印度医学中的保健技术和疗法，推崇古印度的"天竺国按摩术"。"天竺国按摩术"是一套以运动为主的健身方法，据说为古印度宗教中的"婆罗门法"，其效用可观，"老人日别能依此

大医孙思邈

三遍者，一月后，百病除，行及奔马，补益延年。能食，眼明轻健，不复疲乏"。

药王山孙思邈纪念馆总结出了孙思邈的养生十三法。

发常梳：头部有很多重要的穴位，经常"梳发"，可以防止头痛、耳鸣、白发和脱发。

目常运：合眼，然后用力睁开眼，眼珠打圈，望向左、上、右、下四方。这样有助于眼睛保健，纠正近视。

齿常叩：口微微合上，上下排牙齿互叩，无须太用力，但牙齿互叩时须发出声响。这样可以通上下颚经络，保持头脑清醒，加强肠胃吸收，防止蛀牙和牙骨退化。

漱玉津：以特定的方式吞咽口水。从现代科学角度分析，唾液含有大量酵素，能调和荷尔蒙分泌，强健肠胃。

耳常鼓：手掌掩双耳，用力向内压，放手；双手掩耳，将耳朵反折，双手食指扣住中指，以食指用力弹后脑风池穴。如此可以增强记忆和听觉。

面常洗：搓手至手暖以后上下扫面，双手同时向外画圈。如此可以令脸色红润有光泽，减少皱纹。

头常摇：双手叉腰，闭目，垂下头，缓缓摇头。如此可以令头脑灵活，不过要慢慢做，否则会头晕。

腰常摆：身体和双手有韵律地摆动。当身体扭向左时，右手在前，左手在后，在前的右手轻轻拍打小腹，在后的左手轻轻拍打"命门"穴位。如此可以强化肠胃、固肾气，防止消化不良、胃痛、腰痛。

腹常揉：搓手，手暖后两手交叉，围绕肚脐顺时针方向揉，揉的范围由小到大。如此可以帮助消化吸收，消除腹部鼓胀。

摄谷道：吸气时，将肛门的肌肉收紧；闭气，维持数秒，直至不能忍受，然后呼气放松。

膝常扭：双脚并排，膝部紧贴，人微微下蹲，双手按膝，向左右扭动，如此可以强化膝关节。

常散步：挺直胸膛，轻松地散步，最好心无杂念，尽情欣赏沿途景色。

脚常搓：右手擦左脚，左手擦右脚，由脚跟向上至脚趾，再向下擦回脚跟；两手大拇指轮流擦脚心涌泉穴。如此可以强化各器官，治失眠，降血压，消除头痛。

从《千金方》中可以看出，孙思邈涉猎的养生方法极多，除了传统的各类养生术，也关注外来养生术。他既不盲从，也不偏执，而是尽量融会贯通，择善而从。

5. "形体有天地有"

孙思邈认为：人虽然不能凭主观愿望去废除生老病死的客观规律，但可以在条件许可的情况下，运用各种有益方法防治疾病。

孙思邈继承了《黄帝内经》的养生思想，认为季节气候不同，人的心理卫生也应当适应变化。《黄帝内经》认为，"春三日，此谓发陈，以使志生，生而勿杀，与而勿夺，赏而勿罚，此春气之应，逆之则伤肝……夏三月，此谓蕃莠……使志无怒……若所爱在外，此夏气之应……逆之则伤心……秋三月，此谓容平……使志安宁……收敛神气无外其志，此秋气之应……逆之则伤肺……冬三月，此为闭藏……使志若伏若匿，若有私意，若己有得……此冬气之应……逆之则伤肾。"这是传统医学的"天人相应"学说。

孙思邈强调，要依据四时阴阳养生。他指出："列子曰：一体之盈虚消息，皆通于天地，应于物类。……是以和之于始，治之于终，静神灭想，此养生之道备也。""凡气冬至起于涌泉，十一月至膝，十二月至股，正月至腰，名三阳成。二月至膊，三月至项，四月至顶，纯阳用事。阴亦仿此。故四月、十月不得入房，避阴阳纯用事之月也。每冬至日，于北壁下厚铺草而卧，云受元气。每八月一日以后，即微火暖足，勿令下冷，无生意。常欲使气在下，勿欲泄于上。春冻未泮，衣欲下厚上薄。养阳收阴，继世长生；养阴收阳，祸则灭门。故云冬时天地气闭，血气伏藏，人不可作劳出汗。发泄阳气，有损于人也。又云冬日冻脑，春秋脑足俱冻，此圣人之常法也。春欲卧，欲早起，夏及秋欲侵夜乃卧，早起，冬欲早卧而晏起，皆益人。虽云早起，莫在鸡鸣前；虽言晏起，莫在日出后。凡冬月忽有大热之时，夏月忽有大凉之时，皆勿受之。人有患天行时气者，皆由犯此也。即须调气息，使寒热平和，即免患也"。

对生育、繁衍后代，孙思邈也强调要遵循天道。无论是男性还是女性，都不能纵欲过度。养生重在养性，养性就是养生。

6.《摄养论》

在明代出现了一本名为《摄养论》的书，托名孙思邈所著，根据一年十二个月的气候变化和人体脏气的盛衰变化，提出了相应的养生方法。此书成书年代不详，被辑入《道藏》，虽不一定是孙思邈所作，却也一定程度上反映了古代养生理论。

其主要内容是：

正月，肾气受病，肺脏气微，宜减咸酸，增辛味，助肾补肺，安养胃气。勿冒冰冻，勿极温暖。早起夜卧，以缓形神。勿食生葱，损人津血。勿食生蓼，必为症瘕，面起游风。勿食蛰藏之物，减折人寿。勿食虎、豹、狸肉，令人神魂不安。

二月，肾气微，肝当正旺。宜减酸增辛，助肾补肝。宜静膈，去痰水，小泄皮肤微汗，以散玄冬蕴伏之气。勿食黄花菜、陈醋、菹，发痼疾。勿食大小蒜，令人气壅，关膈不通。勿食葵及鸡子，滞人血气洇精。勿食兔及狐貉肉，令人神魂不安。

三月，肾气已息，心气渐临，木气正旺。宜减甘增辛，补精益气。慎避西风，散体缓形，便性安泰。勿专杀伐，以顺天道。勿食黄花菜、陈醋、菹，发症瘕，起瘟疫。勿食生葵，令人气胀，化为水疾。勿食诸脾，脾神当王。勿食鸡子，令人终身昏乱。

四月，肝脏已病，心脏渐壮。宜增酸减苦，补肾助肝，调胃气。勿暴露星宿，避西北二方风。勿食大蒜，伤神魂，损胆气。勿食生薤，令人多涕唾，发痰水。勿食鸡、雉肉，令人生痈疽，逆元气。勿食鳝鱼，害人。

五月，肝脏气休，心正旺。宜减酸增苦，益肝补肾，固密精气，卧起俱早。每发泄，勿露体星宿下，慎避北风。勿处湿地，以招邪气。勿食薤韭，以为症瘕，伤神损气。勿食马肉及獐鹿肉，令人神气不安。

六月，肝气微，脾脏独王。宜减苦增咸，节约肥浓，补肝助肾，益筋骨。慎东风，犯之令人手足瘫痪。勿用冷水浸手足，勿食葵，必成水癖。勿食茱萸，令人气壅。

七月，肝心少气，肺脏独王。宜安宁情性，增咸减辛，助气补筋，以养脾胃。无冒极热，勿恣凉冷，无发大汗，勿食茱萸，令人气壅。勿食猪肉，损人神气。

八月，心脏气微，肺金用事。宜减苦增辛，助筋补血，以养心肝。无犯邪风，令人骨肉生疮，以为疬疡。勿食小蒜，伤人神气，魂魄不安。勿食猪肚，冬成嗽疾，经年不差。勿食鸡雉肉，损人神气。

九月，阳气已衰，阴气大盛。暴风数起，切忌贼邪之风。宜减苦增咸，补肝益肾，助脾资胃。勿冒风霜，无恣醉饱。勿食莼菜，有虫不见。勿食姜蒜，损人神气。勿食经霜生菜及瓜，令人心痛。勿食葵，化为水病。勿食犬肉，减算夭寿。

十月，心肺气弱，肾气强盛。宜减辛苦，以养肾脏。无伤筋骨，勿泄皮肤。勿妄针灸，以其血涩，津液不行。勿食生椒，损人血脉。勿食生薤，以增痰水。勿食熊猪肉、莼菜，衰人颜色。

十一月，肾脏正旺，心肺衰微。宜增苦味，绝咸，补理肺胃。勿灸腹背，勿暴温暖，慎避贼邪之风；犯之，令人面肿，腰脊强痛。勿食貉肉，伤人神魂。勿食螺、蚌、蟹、鳖，损人元气，长尸虫。勿食经夏醋，发头风，成水病。勿食生菜，令人心痛。

十二月，土旺，水气不行。宜减甘增苦，补心助肺，调理肾脏。勿冒霜露，勿泄津液及汗，勿食葵，化为水病。勿食薤，多发痼疾，勿食鼋鳖。

是以毒药攻邪，五谷为养，五肉为益，五果为助，五菜为充。精以食气，气养精以荣色；形以食味，味养形以生力，此之谓也。

7.药食可同源

孙思邈对食疗的重要性给予了很大的关注，他强调："若能用食平疴、释情遣疾者，可谓良工，长年饵老之奇法，极养生之术也。夫为医者，当需先洞晓病源，知其所犯，以食治之。"

医学起源，本与人类寻求食物有着密切的关系，所以自古以来就有药食同源之说。

孙思邈的朋友孟诜（621—713），就是医药学家、食疗学家，精通医学，进士及第，授尚药奉御，累迁中书舍人，享年93岁。其著作《食疗本草》是世界上现存最早的食疗专著。

古人认为，药食同源，食品是药物的一部分。从最早的中药著作《神农本草》到明代的《本草纲目》，都把食品写入关于药物的专著中。在中医书籍中，常有食疗和药膳之方。

中医的饮食养生理念，就是研究食物的性能，根据食物的性能，通过饮食调养人体。饮食在进入人体以后，能够滋养脏腑、气血、经脉、四肢、肌肉乃至骨骼、皮毛、九窍等。人体所需的营养物质，必须依靠饮食源源不断地补充。饮食是精、气、神的营养基础，只有机体营养充分，精、气才会充足，神志才能健旺。

现代医学证明，人体如缺乏某些食物成分，就会产生疾病，如钙质不足会引起佝偻病，维生素缺乏会引起夜盲症、脚气病、败血症、软骨症等。

孙思邈在著作中详细介绍了谷肉果菜等食物的治疗作用，如羊肝、牛肝治疗夜盲症，鹿靥、羊靥治疗甲状腺肿等。他认为，年老之人应服甘润血肉有情之品补益精血，并服茯苓酥方、杏仁酥方等，无病可补养防病，有病则能祛病延年。另外，孙思邈把《黄帝内经·素问》中所记五脏所喜、所宜、所养的食物加以调剂，具体化为"五脏所宜食法"，这是中国现存最早的营养食谱。

孙思邈还主张饮食有节、少食多餐、少肉多饭菜，食后散步以促进消化，经常保持饱中饥与饥中饱状态，反对暴饮暴食，预防便秘与腹泻。

民间有不少孙思邈通过食疗治病的传说。

相传，唐时长安城内有几个富翁，身患一种奇怪的疾病，脚胫日趋浮肿，浑身肌肉酸痛麻木，身倦乏力，众医诊治均束手无策。他们请孙思邈诊治，药石下肚，仍不见转机，孙思邈由于难解其谜，终日甚感不安。

孙思邈去一位病人家中详细调查，查到厨房时，厨师说病人不喜欢大鱼大肉，但对粮食特别讲究，常派人将米面反复加工，精碾细磨后才作为口粮。

孙思邈注意到这一点，又去拜访了其他几位症状相同的富翁，发现他们也喜食精粮。此时，孙思邈领悟出了其中的玄妙。他建议病人们将每日主食全改成粗粮糙米，并且将一些细谷糠、麦麸皮煎水服用。半月之后，病人们竟神奇地康复了，精神好转，浮肿也全消退了。

消息一传出，长安城内外一片震惊，赞扬孙思邈真是神医。孙思邈由此用食疗方法成功治愈了因常吃精粮而引起的"脚气病"。

孙思邈在《千金要方》中，收载了果实、蔬菜、谷米、鸟兽共计154种食物的性味、功能及主治病症，提出用食物治病的科学理论，为传统医学食疗法的发展奠定了基础。

学者干祖望认为，孙思邈的食疗思想有五大重点：

其一，食治为主，不得已才求之于药治。其二，必先明了食物的察性，然后因人因病选进。其三，不能贪味恣餐，狂饮大饱。其四，食后要适当休息。其五，凡某种食物对某一种病特别有治疗作用者，务当多加进食。[①]

与研究食疗法相应，孙思邈针对一些人小病大养、无病吃药并自以为是保健的现象提出了警告。在《备急千金要方·食治·序论》中，孙思邈指出："人体平和，惟须好将养，勿妄服药。药势偏有所助，令人脏气不平，易受外患。夫含气之类，未有不资食以存生，而不知食之有成败！"

---

① 干祖望：《孙思邈评传》，南京大学出版社，1995，第193页。

8.王秀云入宫传授长寿秘诀

传说，孙思邈的夫人是他少年时的同窗王秀云，唐太宗曾下诏迎接孙思邈夫人王秀云入宫，给长孙皇后传授长寿秘诀。

"民女王秀云拜见娘娘！"进宫后，王秀云大礼参拜。

"快快起来，请坐！"长孙皇后说罢，宫女即搬来一个锦缎坐墩放在娘娘前侧，王秀云缓缓地坐下。

"你是孙先生第几位夫人？"皇后看王秀云这么年轻，简直不相信她是孙思邈的妻子。

"民女是孙思邈的结发妻。"

"你多大年纪？"

"民女今年83岁！"

"啊！"皇后惊愕地说，"我奶奶比你年轻10岁，早就满头雪霜了！"

皇后既诧异又羡慕地问道："你这么高寿，怎么头发还光泽乌黑，身子骨这么硬朗？你都有些什么长寿之法呀？请你快快讲给我听。"

"民女没有什么长寿之法，不过常常喜欢到山上采药，早睡早起，黎明即做床上八段锦，床下六段功；然后到户外空气好的地方，做做气功；如今还能吃能喝，且能碾碾药，干些体力活，活动筋骨。"

"你每天都吃些什么？"

"粗茶淡饭。"

"一日三餐都吃些什么？请你详细讲讲。"

"我和丈夫年轻时，每天都吃一样的农家饭。50岁后，我们每天早起，每人喝一碗羊奶，吃两个鸡蛋，就上山采药或到树林中打太极拳、做气功，两个时辰后回家吃早饭。"

"你们平日早饭都吃些什么呀？"皇后迫不及待地问道。

"红豆小米稀饭、黑面馒头、油泼青菜。早饭后，我在药铺里踏药碾子碾药。"

"你吃肉不吃？"

"我们喜欢吃羊肉。羊肉温补活血、益气力、开胃健身。秋、冬、春三季常吃生姜、山楂、萝卜、花椒炖羊肉。生姜暖胃，萝卜通气解毒。"

"午餐吃些什么？"

"夏天吃油泼凉面，冬天吃扁豆面条或萝卜豆腐饺子，还有韭菜合子、鸡蛋韭菜煎饼、豆腐包子、羊肉饸饹……调剂着吃。"

皇后惊异地问道："孙夫人，你已年逾八旬，怎么牙齿还那么好呀？"

"我们全家每天早晨都用茶水漱口，叩齿三十六次；每到厕所解手时，咬紧牙齿，舌顶口腔上腭，这样可引火导源，虚火不上升，又固齿；每天早晨喝一碗盐开水，饭后用盐水漱口，避免牙齿松动、脱落。因此，我们家里男女老幼的牙齿都很好。"

"啊，怪不得你耄耋之年，牙齿还这么洁白整齐！"皇后恍然大悟，频频点头说，暗暗在心里钦佩孙思邈家真有养生之道。

"你家晚饭吃些什么？"

"我们民间一般都不吃晚饭，倘若来了客人，就热点容易消化的发面蒸馍、喝点拌汤。我们老百姓把晚饭叫喝汤。民间对每日三餐的定量谚语是：早饭要饱，午饭要少，晚饭不吃最好！"

"你们平时喝茶是花茶、青茶还是红茶？"

"我们家用何首乌泡茶喝。"

"为什么要用何首乌泡茶喝？"

"孙思邈年轻时在终南山采药，发现一家四代人都高寿且须发乌黑，就是饮用何首乌泉水之故。从那时起，我家就用何首乌泡茶喝。因此，我们夫妻和儿女头发都没有见白。"

皇后又问她："你们夫妇这么大年纪，每天还劳动，吃那么简单的饭，不吃补药，怎么能保持身体康健呢？"

"民女禀告皇后：进食是人维持生命的基础，粗茶淡饭有益健康，佳肴美味反而使人多病早夭。每食必忌于杂，杂则五味相扰，食之不已，为人作患。同时，五谷蔬菜、山珍海味各有其效用。"

王秀云从包里取出一张折叠的红纸，双手递给皇后说："孙思邈编了几首《养生歌》，献给皇后参考。"

皇后展开一看，是孙思邈秀丽的毛笔字，整整齐齐写着《养生歌》(即《孙真人枕上记》和《孙真人卫生歌》。)

养生歌[①]

侵晨[②]一碗粥，夜饭莫教足。

撞动景阳钟[③]，叩齿三十六。

大寒与大热，且莫贪色欲。

醉饱莫行房，五脏皆翻覆。

艾火漫烧身，争如独自宿。

坐卧莫当风，频于暖处浴。

食饱行百步，常以手摩腹。

莫食无鳞鱼，诸般禽兽肉。

自死兽与禽，食之多命促。

土木为形象，求之有恩福。

父精母血生，那忍分南北。

惜命惜身人，六百光如玉。

《卫生歌》[④]

秋冬衣冷渐加添，莫待病生才服药。

惟有夏月难调理，伏在内热忌冰水。

[①] 常志诚：《药王〈枕上记〉新读》，《孙思邈研究》2025年第9期。
[②] 侵晨：侵，渐侵；晨，天快亮时，早晨。
[③] 景阳钟：宫内不闻端门鼓漏声，故置钟于景阳楼上，宫人闻钟声，早起装饰。歌中所指为五更，即凌晨4—6点钟。
[④] 以明嘉靖吴正伦（1529—1568）《养生类要》所辑《孙真人卫生歌》为底本，参校本有明胡文焕《寿养丛书》（文会堂版精抄本）辑本（简称胡本），嘉禾梅颠道人周履靖编次《唐宋卫生歌》，简称周本。

瓜桃生冷宜少食，免至秋来成疟痢。
心旺肾衰宜切记，君子之人能节制。
常令充实勿空虚，日食须当去油腻。
太饱伤神饥伤胃，太渴伤血并伤气。
饥餐渴饮莫太过，免致膨脖损心肺。
醉后强饮饱强食，未有此身不生疾。
人资饮食以养生，去其甚者将安适。
食后徐行百步多，手搓脐腹食消磨。
夜半灵根灌清水，丹田浊气切须呵。
饮酒可以陶情性，大饮过多防有病。
肺为华盖倘受伤，咳嗽劳神能损命。
慎勿将盐去点茶，分明引贼入肾家。
下焦虚冷令人瘦，伤肾伤脾防病加。
坐卧防风来脑后，脑内入风人不寿。
更兼醉饱卧风中，风才着体成灾咎。
雁有序兮犬朋义，黑鲤朝北知臣礼。
人无礼义反食之，天地神明终不喜。
养体须当节五辛，五辛不节反伤身。
莫教引动虚阳发，精竭荣枯病渐侵。
不问在家并在外，若遇迅雷风雨大，
急须端肃畏大威，静室收心宜谨戒。
恩爱牵缠不自由，利名萦绊几时休。
放宽些子自家福，免致终年早白头。
顶天立地非容易，饱食暖衣宁不愧。

> 思量无以报洪恩，晨夕焚香频忏悔
> 身安寿永福如何，胸次平夷积善多。
> 惜命惜身兼惜气，请君熟玩卫生歌。

"啊！怪不得你们夫妇都高寿而不显老呀！"皇后看完不由自主地说，并继续探问孙家长寿秘诀，"你们孙家还有什么延年益寿之法？"

"我们夫妇都依本性为善，心无所愧，胸怀坦荡，心情舒畅，百病皆息不生，祸乱灾害亦无由作。"王秀云说，"忧伤烦闷会使人多病折寿，因而遇到不顺心的事，千万要避免忧愁，以宽心愉快为宜！陛下和皇后美德誉满全国，只要每日做健身操和气功，饮食清淡，就一定会颐养天年！"

"听了孙夫人一席话，受益很深，铭感不忘。"

"感谢圣上和皇后的恩赐！"王秀云就此拜别了皇后。

9. "问寿孙思邈"

孙思邈认为，尽管人年五十以上阳气日衰，但若能"晚而自保，犹得延年益寿"。

"人年四十而阴气自半也，起居衰矣；年五十体重耳目不聪明矣；年六十阴痿，气力大衰，九窍不利，下虚上实，涕泣俱出。"孙思邈强调，老年人要有自知之明，掌握自己的身体状况，不能妄恣情欲，以速其老。

孙思邈的养生观念，究其核心，内涵就是8个字——"全神、调气、保精、固本"。

在生命过程中，"神"易于动而致耗，难以静而内守。孙思邈极力主张无妄以养神。他在《备急千金要方·道林养性》中提倡行"少思、少念"等十二少以静神，除"多思、多念"等十二多以养神，这种恬淡静心以全神的思想，可谓养生之一大要旨。怎样做到全神？孙思邈认为，应当摒除私心杂念，不慕求福荣，不患得患失，不为利欲所诱，不为富贵所淫，不为喜恐忧思所伤。这种恬淡无求、顺从自然的思想，看似平淡却有神奇之功。

孙思邈似对气功导引、调气按摩也有研究。《备急千金要方·调气法》中说："气息得理，即百病不生。"孙思邈认为，调气不仅能养生保健，而且有助于治病康复。"善摄养者，须知调气方焉，调气方疗万病大患。"他记录的气功导引方法达20种之多。

精是生命的基础。《黄帝内经》说："人始生，先成精，精成而脑髓生。骨为干，脉为营，筋为刚，肉为墙，皮肉坚而毛发长。"中医传统上认为，人的生成必从精始，由精而后生成身形、五脏、皮肉筋骨脉等。若要健康，必要保精，保精的主要问题是节欲。孙思邈在《备急千金要方·方中补益》中提出了节欲的具体方法，认为"不可纵心竭意以自贼也"。

针对老年人的防老延年，孙思邈还总结出四点"真经"：一是要情绪稳定，不要过度用脑、用力，"如膏之用小炷之与大耳，众人大言而我小语，众人多烦而我少记，众人悖暴而我不怒，不以人事累意"。二是要注意饮食的清淡和节制,"乐恬淡之味,食不可过饱"。三是要适当活动,做做轻松的体力劳动,"流水不腐,户枢不蠹,以其运动故也"。四是要养成卫生习惯,"第一勤洗浣,以香沾之,身数沐浴,务令洁净"。

纵观孙思邈的医疗保健及养生之道,主要有四个特点:

一是重视整体,首先体现为"天人合一",遵循"春生、夏长、秋收、冬藏"的规律;其次体现为"身心合一",重视生理与心理在健康与疾病中的相互影响;最后体现为从整体认识部分,认为人体各部分由整体分化产生,强调整体决定部分,重视从人的整体功能来把握健康和疾病的发生、发展过程。

二是强调预防,即"未病先防"、"既病防变"和"瘥后防复"。"未病先防"着眼于未雨绸缪、保身长全,是"治未病"的第一要义;"既病防变"着力于料在机先,阻截传变,防止疾病进一步发展;"瘥后防复"立足于扶助正气,强身健体,防止疾病复发。其核心就在一个"防"字上,充分体现了"预防为主"的思想。

三是关注个体,着眼于"病的人"而不是"人的病",着眼于人体受致病因素影响后整体功能失调的状态。由于人体的先天禀赋不同,所处自然和社会环境各异,不同的个体面对同一致病因素所产生的反应也各不相同。同一疾病在不同个体身上可能产生不同的失调状态,同一个体在同一疾病的不同阶段也会呈现不同的失调状态。对于这种失调的状态,应针对不同的证候采取相应的治疗措施。

四是突出简便,对服务对象的健康状况及疾病情况做出判断，不受设备、仪器的限制，在干预时，既有内服和外用药物的方法，也有非药物的方法。

孙思邈的养生保健医学文化体系，是他整个医学思想体系的重要组成部分，同他妙解阴阳、活血理气的医术创新思想，以及医德思想一起，成为其医学思想体系的三大系统。这三个部分共同形成了孙思邈以防为主、养防结合、养中有防、防中有养的医学思想文化体系。

陕西孙思邈研究会顾问李有生强调，孙思邈顺应自然、贯通自然的思想境界，体现了敬畏自然、依乎天理、天人合一、天人合德、无私无我的高尚品德，可以说是以德为立身之本、养生之根的典范。孙思邈因此成为千百年来人们学习的榜样。

2024年10月11日重阳佳节之际，主题为"健康老人行，问寿孙思邈"的第二届孙思邈长寿论坛在京举行。与会专家学者认为，孙思邈吸取了前人的精华，扬弃了其中一些糟粕，对养生学进行了全面总结和提高，完成了他自己的养生著述，从而将前人处于经验阶段的养生方法提高到既有理论指导，又有实践方法的养生术高度。孙思邈的养生学代表了我国隋唐时期养生学的最高水平。孙思邈的养生长寿术，不仅针对健康人，而且有专门用于病人的养生长寿方法；不仅强调青壮年的养生长寿，而且非常重视老年人的养生长寿；不仅强调"顶天立地"的男人们的养生，而且非常重视妇女儿童的养生。

陕西中医药大学教授高新彦在孙思邈诞辰1477周年纪念座谈会上指出："孙思邈拥有自成体系的养生理论和众多养生方法，他自己也身体力行，享誉百岁。孙思邈在养生方面是我们的楷模,在医学方面是我们的恩师。"

想要健康长寿,就要学习真正的健康长寿之道,孙思邈的长寿秘诀是现代人可以认真学习、实践的。

第七章 传承大医魂

"凡大医治病，……先发大慈恻隐之心，誓愿普救含灵之苦"。孙思邈指出：无论对待什么样的病人，都应该"见彼苦恼，若己有之，深心凄怆"，以此为医学道德的思想基础。

1.医德之光

孙思邈不仅是医学家,而且是一位伟大的思想家。这体现在他对医德理论的建构方面。

所谓医德,即医生的职业道德。《黄帝内经》明确提出:"非其人勿教,非其人勿授。"意思是:对不适合为医的人,不能把技术传授给他。

孙思邈身体力行,一心赴救,不慕名利,用毕生精力实践自己的医德思想,是我国医德理论的创始人,被西方称为"医学论之父"。不同社会阶段,对医德有不同的要求,但是优秀的医德也是可以跨越历史阶段而得到继承、弘扬的。药王孙思邈的医德,鼓舞了后世无数医生。

孙思邈曾说:"凡大医治病,必当安神定志,无欲无求,先发大慈恻隐之心,誓愿普救含灵之苦。若有疾厄来求救者,不得问其贵贱贫富、长幼妍媸、怨亲善友、华夷愚智,普同一等,皆如至亲之想;亦不得瞻前顾后,自虑吉凶,护惜身命。见彼苦恼,若己有之,深心凄怆,勿避险巇,昼夜寒暑,饥饿疲劳,一心赴救,无作功夫形迹之心。如此可为苍生大医,反此则是含灵巨贼。"孙思邈一生身体力行实践自己的学说,成为医家的楷模。

孙思邈以专篇形式,第一次较为系统地论述了医学伦理思想。他认为"生者，两仪之大德；人者，五行之秀气""人命至重，有贵千金"。人是至灵至贵的，济世救人是医生最崇高的责任。

在著作中，孙思邈清晰地分析了医学、医生与患者的关系，指出医学学问非常精深，而脏腑生理十分复杂，疾病证候千变万化，只有用心之人才能体会其中奥妙。如果把这样至精至微的重要责任，托付给知识浅薄或做事马虎之人颇有危险，会使患者病情加重。因此，孙思邈提出了"大医"的标准。

孙思邈认为："若夫医道之为言，实惟意也。固以神存心手之际，意析毫芒之里，当其情之所得，口不能言，数之所在，言不能喻。"他认为，医道说到底就是一个临床思维过程，靠心领神会、勤学苦练才能达到神圣工巧的境地，识病辨证论治则靠缜密思维，只有能分析鉴别复杂的病象，才能获得符合规律的结论。孙思邈把这一临床思维过程称为"意析""心考"，认为其一般难以用语言准确表达。他认为，医学是至精至微之术，"必须博极医源，精勤不倦，不得道听途说，而言医道已了"。想要成为大医，必须具备广博的医学知识和精湛的医疗技能，勤奋学习。在"省病诊疾"之时，必须"至意深心，详察形候"，方能"纤毫勿失"。

孙思邈认为，医生行医的目的是救死扶伤，医人对待名利场和官场应无渴望，对待病人应不计荣辱得失。他看不上"竞逐荣势，企踵权豪，孜孜汲汲，惟名利是务崇"的庸俗士大夫，告诫医生"不得恃己所长，专心经略财物"，不能利欲熏心，谋取患者的钱财。

孙思邈认为，医生担负着救死扶伤的特殊使命，在病人面前所表现的行为言语对病人有着或直接或间接的影响，因此个人修养非常重要。良医的言谈举止必须有德有体，有医生的风度和形象。他强调医生要举止稳重文雅，品行高尚端方，即使身处豪华富贵之中，面对"绮罗满目"，也不应左右顾盼，有失风度。

孙思邈阐发的医德思想，是他行医80余年的真实感悟和经验总结，这种以"精诚"为核心的医德，对后世医德理论的形成和发展及历代名医的成长影响颇深。一方面，孙思邈奠定了医德理论的基础，建立了医德理论的框架；另一方面，他自身也是医德高尚的榜样。

1985年，铜川市政协和陕西省中医研究院发起篆刻医德碑，共11通，以弘扬孙思邈的医德。医德碑中刻下许多赞扬孙思邈之诗，其中题为王允中所作的诗句颇能展现孙思邈的医德风采："永传秘术千金重，笑指浮荣一羽轻。"

2.思想之光

中华文化源远流长、灿若星河。在5000多年的文明发展中孕育出的中华优秀传统文化，积淀了中华民族最深沉的精神追求与远大理想，代表着中华民族独特的精神标识，是中华民族生生不息、发展壮大的丰厚滋养。

中国传统医药作为中华优秀传统文化的特殊载体与美好表

现，在中华传统文化的沃土中生根发芽，深受其丰厚滋养。孙思邈的医药学思想，正是在中华优秀传统文化的滋养下逐步发展形成的，又为中华优秀传统文化的继承发展与传承弘扬做出了巨大贡献。

孙思邈历经西魏、北周、隋、唐四朝，如此漫长的学医、行医经历，影响着他思想的发展，使他成为中医学承前启后、继往开来的一支中坚力量。从这个角度来看，孙思邈医药学文化思想与中医文化形成发展的历史阶段相对应，孙思邈医药学思想的发展形成有三个阶段：一是立足《黄帝内经》《本草》，熟练精通岐黄医学时期；二是学道炼气、行医寻方，扬弃道教文化、汲取道教医学有用成分时期；三是综合创新、继往开来、守护传承、弘扬发展中医学时期。

孙思邈所处的时代，是中国历史上由长久混战逐步走向统一的时代，也是中华文化思想史上道教、儒学、佛学等多元互动、相互交融，逐步走向"三教合一"的时代。在这样的社会文化背景下，孙思邈既通晓儒家经典，又擅长谈玄论道，乐与佛门名士交游论说。他的这些嗜好偏爱，在两部《千金方》中非常明显地表现出来。孙思邈"一会儿以儒家的用语讲各种道理，一会儿又用老庄的言辞说方剂药性，一会儿以玄学家的概念谈养性养生，一会儿又以佛学家的概念论悟道参禅。看起来似乎有些脱俗超凡、不同凡响，这在六朝时期却是几乎平常的事"[①]。

---

① 田文棠、张光溥、许允贤：《孙思邈中医药学文化探源》，陕西师范大学出版总社，2017，第 163 页。

此外，孙思邈对少数民族医学持开放包容态度。中国地大物博，各地地域特征、物候条件差异显著，直接影响着各民族医药的形成与发展。孙思邈在与各民族交往与融合的过程中，对少数民族医药交融互鉴，逐渐形成"我中有你，你中有我"的格局。在相互学习中不断提高，在交往交流中融合发展，使孙思邈的中医药文化思想形成了多元一体的形态和格局。

3.创新之光

从理论发展看，中医药一直在传承的基础上进行创新和突破。孙思邈在中医药学的发展长河中具有里程碑式的伟大贡献，许多重大创新和重大建树是前无古人的。孙思邈在医学方面所做出的发展创新主要表现在以下方面：

（1）医学巨著《千金方》是我国历史上第一部临床医学百科全书，被国外学者推崇为"人类之至宝"；（2）他是第一个完整论述医德的人；（3）他是第一个倡导建立妇科、儿科的人；（4）他是第一个麻风病专家；（5）他第一个发明手指比量取穴法；（6）他第一个创绘彩色《明堂三人图》；（7）他第一个将美容药推向民间；（8）他第一个创立"阿是穴"；（9）他第一个扩大奇穴，选编针灸验方；（10）他第一个提出复方治病；（11）他第一个提出多样化用药外治牙病；（12）他第一个提出用草药喂牛，而使用其牛奶治病；（13）他第一个提出"针灸会用，针药兼用"和预防疾病的"保健灸法"；（14）他是系统、全面、具体论述药物种植、采集、收藏的第一人;(15)他第一个提出并成功试验野生药物变家种;(16)他首创地黄炮制和巴豆去毒炮制方法;(17)他首用胎盘粉治病;(18)他最早使用动物肝治眼病;(19)他第一个研究治疗脚气病,用楮树皮煎汤煮粥食用,以预防脚气病和脚气病的复发,比欧洲人早1000年;(20)他首创以砷剂(雄黄等)治疗疟疾病;(21)他第一个提出"防重于治"的医疗思想;(22)他首用羊靥(羊甲状腺)治疗甲状腺肿;(23)他是我国历史上第一位深入民间,向百姓和同行虚心学习、收集校验秘方的医生;(24)他第一个发明导尿术。

陕西省铜川市耀州区孙思邈养生研究协会在总结孙思邈成就时发展创新,除以上24项外,又增加了4项。该协会认为,孙思邈改进了下颌关节脱位的手法复位方式;发明了验透膈法,是透视学的雏形;发明了用血清接种防病;发明了"洗肠胃之妙"的治病法。

唐永淳元年(682),孙思邈与世长辞,留下遗嘱:要薄葬,不要焚烧那些纸扎的阴间器物,祭祀时不宰杀牲畜。

"松柏苍翠漆水长,千金妙术百世芳,孙氏喜颂新华好,药苑春浓胜隋唐。"

药王的一生是创新的一生。

4. 传承之光

纪念药王、学习药王、崇奉药王，千百年来，一直是药王家乡百姓精神和物质文化生活的重要组成部分。

近几年来，孙思邈的故乡陕西铜川积极推进中医药的繁荣发展，让孙思邈的精神在新时代发扬光大。蓬勃发展的孙思邈中医药专修学院就是一个生动例证。

说起这所院校，必须讲到少将范明。范明原名郝克勇，1914年12月4日出生于陕西临潼，1955年被授予少将军衔。或许是都为陕西人的缘故，范明少将对举世公认的"苍生大医"孙思邈极为推崇。

1989年，范明少将和时任陕西省政协副主席李经纶决定创建陕西孙思邈国医药学院，办学宗旨为"振兴祖国中医药事业，继承和发展祖国传统医学遗产，培养具有中医药基础理论、临床技术以及高尚医德医风的中医药专业人才"。这所学校后来数度更名，于2021年搬迁至陕西省铜川市，更名为孙思邈中医药专修学院。学校建筑面积8万余平方公里，建有功能齐全的教学楼、实训室、图书馆等设施，配套有完整的生活区，校外设有多个临床教学实践基地和中医药产学研基地，为基层医院、制药企业、中药房培养了数以万计的中医药实用型优秀人才。目前，学校致力于弘扬中医药传统文化，培养中医药特色人才，促进中医药产学研用融合发展，争创一流中医药职业大学。

对孙思邈精神的传承，也体现在药王山的建设上。如今，孙思邈隐居的药王山被国家中医药管理局确定为全国中医药文化宣传教育基地建设单位，其中的孙思邈纪念馆被确定为第十一批中国华侨国际文化交流基地，药王山庙会则被列入国家级非物质文化遗产名录。

陕西孙思邈中医药专修学院全景，2024年12月黄山摄

此外在铜川，中国孙思邈中医药文化节已成功举办6届。铜川注册、保护了药王孙思邈文化商标97个；拥有中医特色技术非遗项目8个；建成知名药企铜川药源基地3个；建成医药产业聚集区3个；培育医药大健康关联企业73家，其中龙头企业兴盛德药业在中药饮片行业颇有影响；在全省创新建设具有铜川特色的孙思邈中医堂221家。药王故里因时代之变而转型，因时代之变而奋进。

学者苟天林说："在这个中医药振兴发展的热潮中，我们作为药王的子孙，学习药王，继承药王，创新发展药王的精神和事业，实现人民对美好生活的向往，一定会取得新成就，做出新贡献。"

5. 文化之光

药王是孙原村的村魂，也是铜川市的市魂。扛起举办"中国孙思邈中医药文化节"的大旗，是铜川的应有责任。

2023 年 5 月 26 日活动现场

中国孙思邈中医药文化节是经国务院批准保留的节庆活动，也是中国唯一一个以"孙思邈"和"中医药"为主题的文化节。无疑，这是药王孙思邈留给故乡人民的一笔巨大财富，这财富既是物质的，更是精神的。在药王故里举办中国孙思邈中医药文化节、孙思邈中医药国际论坛，对促进铜川经济的发展、推动中医药国际交流、提升中医药国际影响力、推进中医药事业高质量发展具有重要意义。

　　学者李经纬说:"在他（孙思邈）的故乡，陕西耀县，自宋以来几乎是年年有纪念会。那里历代碑石林立，传颂着他的功名和业绩。20世纪50年代以来，曾两次进行修葺。20世纪80年代，我曾令我的第一批硕士研究生赴耀县进行医学史考察。1982年正当孙思邈逝世1400周年之际，我代表中华医学会医史学分会特在此召开了纪念会，还多次举办了国内国际学术交流会议，扩大了孙思邈在国内国外的影响。"①

　　在铜川耀州，遗留着许多与孙思邈相关的习俗。相传，药王孙思邈有一年冬天回到耀州家乡，正好赶上大雪天气，天寒地冻，许多穷苦百姓的耳朵都冻烂了。于是孙思邈在药王山上搭了一个专给穷乡亲治冻疮的医棚，之后连续好多年坚持在冬至这天为穷人们舍药治冻伤。孙思邈常把羊肉包成耳朵形的饺子，加上其他几种祛寒药物放到锅内一块煮熟，分给乡亲们吃。很快，乡亲们冻伤的耳朵就全好了。耀州人相信，每年冬至吃饺子的习俗就源于孙思邈。

　　笔者的老战友张梅奎主任，出生于陕西一个中医世家，曾师从中医大师张学文教授，长期从事脑血管病的中西医结合临床研究与特色治疗，以攻克失眠、头痛、眩晕、中风、面瘫等脑血管病为主攻方向。他曾获国家抗震救灾医药卫生先进个人、首都拥军优属拥政爱民模范个人、医德医风先进个人、"四有"优秀军官及"白求恩式好医生"称号，并荣立个人三等功。

---

① 李经纬:《中医史》，海南出版社，2015，第159页。

在谈到孙思邈对自己行医和做人的影响时，张梅奎认为："一个好的中医，关键在于有拿得出手的疗效，有中医临床上的真功夫。另外，好的中医要把病人当作家里人、知心人。要治病，先做人。孙思邈就是我心目中最好的中医！"

孙思邈纪念馆

2012年为农历壬辰龙年，这年9月23日，海内外各界人士曾云集药王山，公祭药王。

祭文为：

孙公思邈，华夏药王，博极医源，功追岐黄。著《千金》金贵后世，立医德德逾万方。拯衰救危，虽高官厚禄不就；泽被八荒，有师表懿行流芳；大医精诚，功德无量，养生宝方，恩泽四疆，巍巍堂堂，万代景仰！

今逢龙年，盛世修邦，故里后人，抒写华章；调转型提速之柱弦，开休闲养生之新篇，敲科学发展之钟吕，展经济繁荣之景象。民生基业，滋万民之心田；产业振兴，聚全市之力量。生态文明，文化弘扬，看我鼎荣发奋；人民安康，社会和谐，让吾宏

大医孙思邈

图大张!

> 感恩先哲,泽我瑞康。昭告药王,佑我大邦。灵其鉴之,伏惟尚飨。

孙思邈的文化之光,多层面、多维度地影响着今天的医学界及人们的生活。孙思邈精神成为中华民族优秀传统文化的重要组成部分,体现了中华民族对生命的重视、对他人的关爱和对知识的追求,激励着后人在各个领域秉持敬业、仁爱、创新的精神,为社会发展贡献力量。同时,作为中国传统医学的杰出代表,孙思邈在国际文化交流中扮演着重要角色,促进了中国文化与世界文化的交流与融合,让更多的人了解中国传统医学的魅力。

大医孙思邈,堪称中华传统文化的传奇。

后记

这本书即将打上句号之时，是2024年最寒冷的"大寒"时节。我坐在窗前看着阳台上一株株葱绿的盆景，感到了不远处春天的气息。

当我完成全书的修改，已到了2025年正月初六的静夜。此时，正值蛇年的立春时节。

感恩中医，让我这几年充实而快乐。自从自学和研究中医以来，我就有种充实感，感觉非常健康。去年，我写了一本《华佗：苍生大医的人生传奇》，有的读者朋友读后问我，"你又不是学医的，怎么写上中医人物了？这要做多少功课啊！"这是实话。为了写作中医人物方面的书，我不断学习研讨中医中药。写孙思邈的过程，也是一个学习的好机会。

完成这部作品，我心里暖流涌动。

开始动笔写这本书时，我曾犹豫过、怀疑过自己。不是畏怕困难，而是因为"药王"太难把握、太难驾驭：孙思邈历经4

朝，似人似神、似医似道、似民似官……总如一团雾，漂浮在中医界。可到封笔之时，似有一种空灵悠扬的旋律，瞬息之间击中我的内心。我听着春晚上歌手王菲所唱的《世界赠予我的》，不禁思绪万千。

《世界赠予我的》体现了对世界整体的认知，将各种生活场景、自然现象视为一个整体来感受。这首歌让我想到，中医强调人体是一个有机整体，与自然、社会环境相统一。中医的核心之一是阴阳平衡，阴阳相互对立又相互依存；中医追求人体身心和谐，认为身体与心理状态相互影响，追求身心和谐。中医药让世界更健康。

感恩中医、感恩时代。在新时代，中医药行业有了六个突破性的新特征：政治层面上由国家主导，经济层面上是国家财富，文化层面上是国家符号，外交层面上是国家名片，学科层面上是国家战略，法律层面上有国家保障。中医药站在新的历史起点上，健康服务能力显著增强，对中国社会和经济的发展，都有了做出更大贡献的可能。我们相信，中医的理念会得到越来越广泛的认可和推崇，开始重新塑造当代中国人的健康观念。

一件事情的成功，大多数情况下是多人共同努力的结果。这本书能成功出版，亦应感恩众多友人，其中有许多的中医专家学者，如解放军总医院第一医学中心的中医专家张梅奎、李绍旦、冯宇，广安门中医院白文山、李维娜，还有陕西的李宏禄、朱龙、裴锦垚、白小艳、陈圣英、陈腾飞等，以及驻京的中医馆专家顾睿、余秋丰、刘智峰、孙百龙、张孝彬等。给我帮助最大的要算胡慧华博士，他为此书做了很多工作，从策划统筹至文字修

后 记

改，可谓兢兢业业。另外，我一直尊敬的老大哥、著名党史军史作家尹家民老师，已年近八旬，却为我写作此书及时提供了十多本中医药方面的电子版图书，所有这些，让我感到心中温暖，浑身上下精神百倍。书中涉及的孙思邈相关民间传说，许多来自《孙思邈研究》和陈中华《药王故事集》，在此说明并致谢。全书插图，除特别注明外，均为罗元生拍摄。

作者搜集到的资料有限，尤其是时间和水平有限，对孙思邈和中医药文化的学习、领会水平还有很大不足，研究的程度也自觉肤浅，故作品中或有差错，在所难免，祈广大读者多多指正！

罗元生

二〇二五年一月二十一日　第一稿

二〇二五年二月三日　第二稿

主要参考书目

1. 李经纬:《中医史》,海南出版社,2015。
2. 张凤娇,译:《黄帝内经》,北京联合出版社,2019。
3. 陈中华:《药王故事集》,三秦出版社,2011。
4. 白炳奎:《伤寒论》,民主与建设出版社,2024。
5. 高瞻:《中医那些事》,华龄出版社,2024。
6. 黄红中:《常见中药材识别应用图谱》,广东科学技术出版社,2016。
7. 王一方:《医学是什么》,北京大学出版社,2010。
8. (美)悉达多·穆克吉:《医学的真相:医生如何在不确定信息下做出正确决策》,中信出版社,2016。
9. 胡大一:《漫谈双心医学》,中国轻工业出版社,2017。
10. 黄山,魏大林,张容超:《中医妇科学(供中医学专业用)》,中国中医药出版社,2019。
11. 黄山,何玲,张容超:《中医临床适宜技术(供中医学专业用)》,中国中医药出版社,2019。
12. 王宝林:《中医特效处方集》,中医古籍出版社,2017。
13. 王宝林:《中医特效处方集2》,中医古籍出版社,2018。

14.中国人民解放军原总后勤部卫生部：《中医学基础与新医疗法（军医试用教材）》，中国人民解放军战士出版社，1974。

15.（美）劳里·加勒特：《逼近的瘟疫》，杨岐鸣，杨宁译生活·读书·新知三联书店，2018。

16.唐云：《走近中医：对生命和疾病的全新探索》，广西师范大学出版社，2004。

17.詹文格：《寻路中医》，安徽文艺出版社，2020。

18.刘力红：《思考中医》，广西师范大学出版社，2006。

19.艾宁：《问中医几度秋凉》，中国中医药出版社，2009。

20.萧宏慈：《医行天下：一位"海归"的中医之旅》，广东人民出版社，2009。

21.张永和，张婧：《大国医施今墨》，华文出版社，2021。

22.郁东海等：《中医故事》，上海科学技术出版社，2017。

23.郁东海等：《中医名人、传说与医事》，上海科学技术出版社，2017。

24.郁东海等：《中医趣案（上、下）》，上海科学技术出版社，2017。

25.郁东海等：《中医医话》，上海科学技术出版社，2017。

26.郁东海等：《中医医理与方药》，上海科学技术出版社，2017。

27.田文棠等：《孙思邈中医药学文化探源》，陕西师范大学出版总社，2017。

29.罗家伦：《科学与玄学》，商务印书馆，2010年。

30.李鲁等：《社会医学》，人民卫生出版社，2017年。

31.严健民:《远古中国医学史》,中医古籍出版社,2006年。

32.马伯英:《中国医学文化史》,上海人民出版社,2020年。

33.张其成:《中医文化学》,人民卫生出版社,2017年。

34.刘从明:《〈难经〉白话图解》,金盾出版社,2024年。

35.刘从明:《〈伤寒论〉白话图解》,金盾出版社,2024年。

36.刘从明:《〈中藏〉白话图解》,金盾出版社,2024年。

37.刘从明:《〈黄帝内经·素问〉白话图解》,金盾出版社,2024年。